図解 眠れなくなるほど面白い

心理学の話

目白大学名誉教授

渋谷昌三

SHOZO SHIBUYA

監修

日本文芸社

はじめに

どうして、あの人はこんな行動をするの？
どうして、思うままに動いてくれないの？
他人の本音を知りたい。
そう思うことはありますよね。それらは心理学で解決できます。

心理学は、人の言動やその奥にある心理の働きを分析する学問です。
心理学を知れば、顔や体の動きから相手の本音を読み取れますし、
思うままに人を操ることもできます。
つまり、気になる相手を振り向かせたり、
商談相手にイエスと言わせたりすることも簡単ということ。

このように心理学を使えば、恋愛や仕事など他人とのコミュニケーションを
円滑に進めることができるのです。

また、心理学を通して、本当の自分を知ったり、
自分の評価を上げたりすることもできます。
ストレスフルな現代社会で、自分の中のストレスや怒りに
悩むこともあるのではないでしょうか。
それも心理学で解消することができます。

本書では、イラストや図解をもとに、
「そもそも心理学とは何か」という基本的なことから、
日常生活やビジネス、恋愛など、さまざまなシーンで使える
テクニックをわかりやすく解説します。

人の心は謎だらけ。でも、心理学がその謎を解明します。
本書で紹介した心理学が、あなたの人生に少しでも役立てば幸甚です。

2021年9月

渋谷昌三

眠れなくなるほど面白い
図解 心理学の話
もくじ

PART 1 そもそも心理学って何？

PART 2

心理学を通して本当の自分に出会う

PART 3

人間関係の難題を解決するコミュニケーション術

PART 4

気になるあの人の気持ちをつかむ恋愛テクニック

PART 5

心と性格は体の動きとクセでわかる

PART 6

自分の評価をグングン上げる心理ワザ

COLUMN

PART 1

そもそも心理学って何？

心理学は心の仕組みを知る科学

行動や身体に表れる変化を分析して無意識を推察する

英語では**Psychology**《サイコロジー》と表記される「心理学」。ギリシア語の心（psyche《サイキ》）と論理（logos《ロゴス》）の2語に由来する言葉で、1590年にドイツの哲学者ルドルフ・ゴクレニウスがはじめて論文タイトルに使用したといわれています。

このことからもわかるように、心理学とは、**人間の心の仕組みを論理的に研究する学問**です。数百年にもわたって科学的な方法で探求が続けられてきました。

あなたにも、「他人といい関係を築くにはどうすればいい？」「あの人の気持ちを知る方法はないか？」などと思ったことがあるでしょう。

心理学では、そうした心の仕組みを、**実験、観察、面談といったさまざまな方法で検証**し、表面化しにくい意識（無意識）の働きを解明していきます。

心は目に見えるものではありません。しかし、心の動きは、行動や身体の変化として表面化します。**表情やしぐさ、目の動き、言葉などを分析することで、心理状態を推察することができる**のです。

無意識のうちに表れる行動や身体の動きには、その人の心の奥底のあり様が反映されるもの。その意味を知り、上手に活用することで、仕事にも人間関係にも、そして人生にもプラス効果がもたらされるのです。

人の言動は心理の働きによるもの

人の言動は心理の働きに関連している。その働き方、関連の仕方などを解明する学問が心理学だ。

STEP 1

“～したい”

何かを欲したときの心理。「〇〇を食べたい」「〇〇がほしい」など。

欲求

STEP 2

“～しよう”

「したい」が動機となっておこなわれる言動。「食べたい」から「お店に行こう」など。

行動

STEP 3

“～した”

欲求が満たされた or 満たされなかったときの心理。「満足した」など。

満足（or 不満足）

他人の言動のなぜ? がわかる

心理学を知れば、不思議だった人の言動の意味がわかるようになり、物事を思い通りに進めることができる。

人の気持ちはわからないと思ったままだと、思うように物事が進められず、人間関係も改善しないままになってしまう。

頭の中をのぞいたようにわかるようになり、自分の思うように物事を進めることができる。

心と脳の関係はどうなっているの？

大脳皮質や右脳・左脳が心をコントロールしている

　心と脳は独立していると唱えたのは、17世紀のフランスの哲学者ルネ・デカルトです。現在では、**脳の働きによって心がつくり出されている**として心理学全般が成り立っています。

　心をコントロールしているのは、大脳にある**大脳《だいのう》皮質《ひしつ》**です。大脳皮質は大脳の表面を形成する2～5ミリの層で、思考、感情、情動、意思、認知、言語、記憶・学習、睡眠・覚醒、運動制御に関わっています。

　大脳皮質は下から古皮質（爬《は》虫類《ちゅうるい》脳）、旧皮質（旧哺《ほ》乳類《にゅうるい》脳）、新皮質（新哺乳類脳）の3層が重なっていて、古皮質は本能（食欲や性欲など）、旧皮質は情動（快・不快や怒りなど）、新皮質は高度な心の働き（言語、芸術、創作など）に関わっています。

　また、大脳は働きによって4つの部位（前頭葉、後頭葉、側頭葉、頭頂葉）にわけられます。こうした大脳のほかに脳幹《のうかん》や小脳などによって人間の脳は構成されています。

　脳の研究が進むことで発展したのが**神経心理学**です。脳科学（神経科学）とともに構築された心理学で、認知、思考、言語活動、記憶といった高次機能を分析します。神経細胞や右脳・左脳についても研究が続けられています。**人の心にどのような影響をおよぼしているか**といった謎の解明も進められています。

脳の構造と心の働き

人間の脳からはさまざまな心の働きが生み出されており、大脳、脳幹、小脳などの諸器官がそれぞれの役割を担っている。

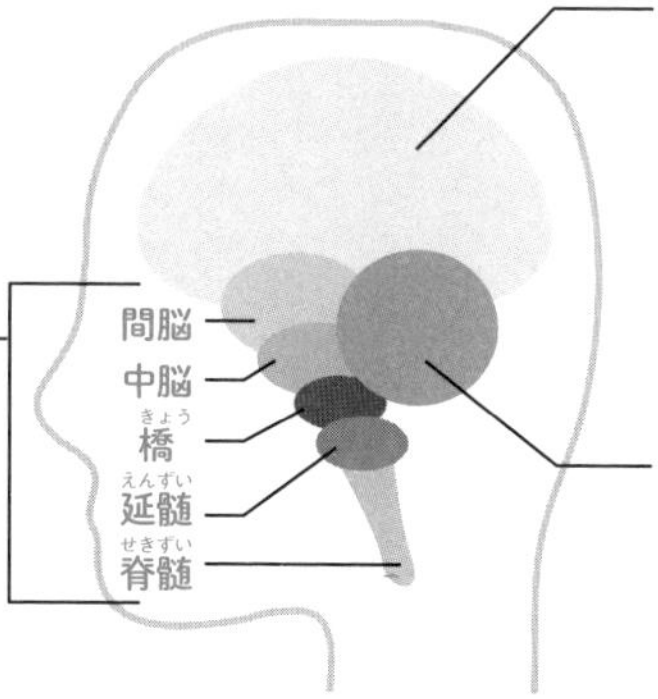
大脳
脳の中で最も大きい。思考したり話したり、記憶したりする役割を担う。
脳幹
呼吸、体温調節、心臓活動など、生命現象の中枢ともいえる役割を担う。
間脳
中脳
橋《きょう》
延髄《えんずい》
脊髄《せきずい》
小脳
身体の平衡感覚をキープし、筋肉群の共同活動の調節などをおこなう役割を担う。

脳の構造と感情

無意識な感情(emotion)は大脳皮質、前頭葉が、意識的な感情(feeling)は大脳辺縁系(扁桃体、海馬、視床下部)と脳幹、自律神経系、内分泌系、骨格節などの末梢(脳の外の組織)が関与していると考えられている。

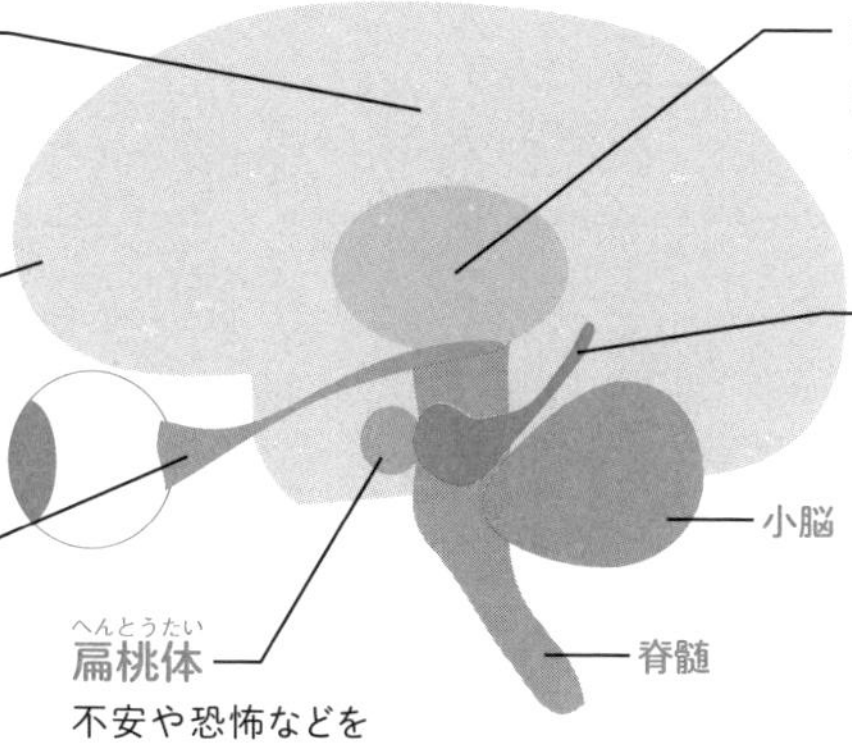
大脳皮質
言葉や記憶、創造活動など、高度な精神活動を司っている。
前頭前野
前頭葉の前部で、計算や予想、創造的な働きをする。
視神経
視覚からの情報を大脳皮質の視覚野に送っている。
扁桃体《へんとうたい》
不安や恐怖などを生み出している。
視床下部《ししょうかぶ》
自律神経の調整をおこなっている。
海馬《かいば》
短期的な記憶を長期的な記憶に作り替える手助けをしている。
小脳
脊髄

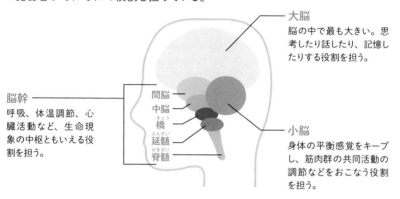

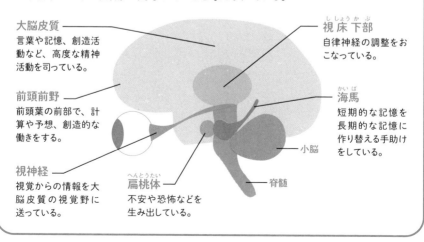

心理学で自分も他人も理解する

自分のなかの意識と無意識を知って人生を豊かに

自分らしく生きたいと思っていても、むずかしいものです。人の心には「自分の気持ちはこれだ」と意識していることと、自覚することができない無意識があると考えられています。

また、成長の過程で大人たちから受ける教育や、社会のなかで学ぶ常識などが本来の自分の上におおいかぶさり、自分の本質や価値観が見えなくなることもあります。

心理学によって、表面化している自分を理解することはもちろん、無意識のなかに隠された本当の自分、価値観、深層心理などを引き出すことが可能になります。心理学は、本当の自分と出会うことで苦しさから解放され、人生を楽しむヒントを与えてくれるツールなのです。

もちろん、心理学は他人の心を理解することにも活用でき、よりよい人間関係、円満な家庭、強い組織の構築にも役立ちます。

ポイントは、非言語コミュニケーション（ノンバーバル・コミュニケーション）です。人間は、言葉だけでなく、表情、しぐさ、行動でもメッセージを伝えようとし、それは無意識のうちにおこなわれています。

喜び、悲しみ、嫌悪、恐怖、驚きといった感情から生まれる表情はコントロールできない不《ふ》随《ずい》意《い》運動として表れます。それを読み解くことで他人の本心を知ることができるのです。

心理学で本当の自分を知ろう

人は他人の目や学識などの影響によって、本当の自分を心の底に隠してしまう。心理学を使えば本当の自分をつかむことができる。

他人の目
学識
私は私
心理学を通して、本当の自分を発見し、自分らしさを解放できるよ

非言語コミュニケーションで本音を探る

非言語コミュニケーションを読み取れば、その人の本音を探ることができる。アメリカの心理学者ナップは非言語コミュニケーションを以下のように分類した。

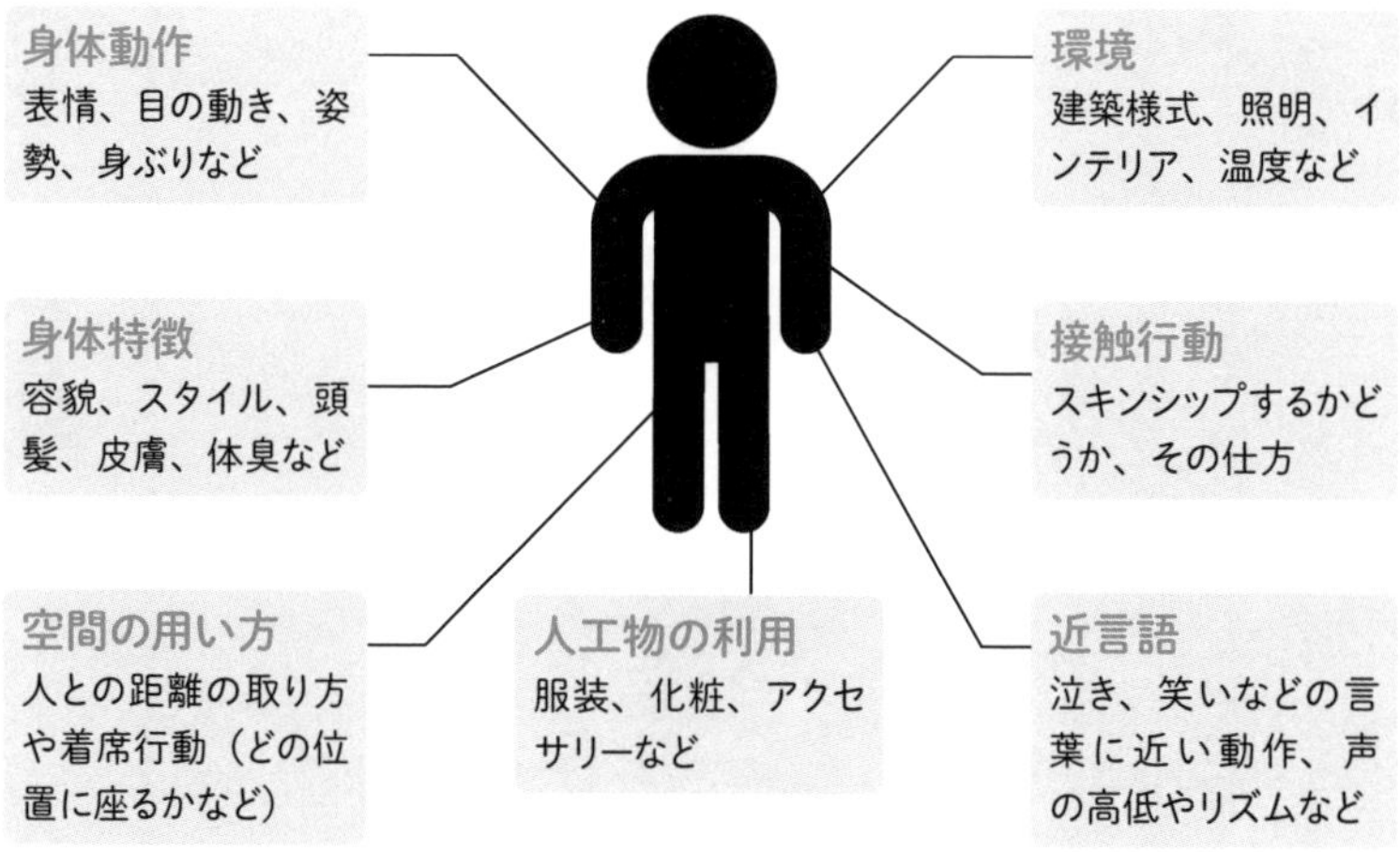
身体動作
表情、目の動き、姿勢、身ぶりなど
環境
建築様式、照明、インテリア、温度など
身体特徴
容貌、スタイル、頭髪、皮膚、体臭など
接触行動
スキンシップするかどうか、その仕方
空間の用い方
人との距離の取り方や着席行動（どの位置に座るかなど）
人工物の利用
服装、化粧、アクセサリーなど
近言語
泣き、笑いなどの言葉に近い動作、声の高低やリズムなど

心理学で人間関係も仕事も好転

お互いの個性を理解して効率的な能力アップを図る

人間は機械ではないので、誰もが同じ考え方や行動をすることはあり得ません。ひとつの目標を掲げている仲間の間でも、それぞれが違った考え方や行動をします。それを「個性」としてお互いに理解し、認め合うことで、よりよい人間関係が築かれていきます。

心理学では、こうした個性は、もともと持っている性格のほかに、どんな育てられ方をしたか、過去にどんな出来事を経験したかといった環境によっても形成されると考えられています。同じ個性の人はいないと認識すれば、他人に対してのイライラや不信感も払拭《ふっしょく》されるでしょう。

心理学では、ビジネスや勉強を成功させるテクニックも得ることができます。思考力、発想力、記憶力といったビジネスや勉強に欠かせない能力は、心の働きを知ることで効率的にアップさせることができるのです。

19世紀のドイツの心理学者エビングハウスは、記憶力が学習効果におよぼす影響を検証しました。それ以来、記憶力は心理学のなかでもメインテーマとして研究が続けられています。

個性を知ることは自分にも他人にもメリットがあります。心理学から得られる人心掌握《しょうあく》術を上手に活用して、ビジネスもプライベートも成功に導きましょう。

心理学を応用してハッピーに

心理学を知れば、人とのコミュニケーションのとり方や部下にやる気を出させる方法、人が好む商品などがわかるようになる。うまく活用していこう。

どんな育てられ方をした?
過去にどんなことがあった?
どんな教育を受けてきた?
兄弟との関係は?

よりよいコミュニケーションづくりに

相手の性格や個性をつかみ、コミュニケーションに活かすことによって、よりよい人間関係が築ける。

賞与!!
給与 UP!

社員のやる気を高めることができれば、仕事のパフォーマンスが上がり、みんな幸せに。

評価されない
給与が上がらない

社員の心がわからなければ、やる気を高められず、仕事の効率も評価も上がらない。

社員のやる気を高めてコスパアップ

心のメカニズムを知ることで社員のやる気を高め、仕事のパフォーマンスを上げることができる。

買いたくなる価格は?
伝わるデザインは?
ほしくなるデザインは?
目にとまるデザインは?

商品をより売れるものにする

買い物をする人の心理を知って、商品やサービスをより売れるように工夫することができる。

哲学から生まれ、科学へと発展

アリストテレスからヴントを経てフロイト、ユングへ移行

「心とは何も書かれていない書板のようなもの」と説いたのは、古代ギリシャの哲学者**アリストテレス**でした。また、17世紀になってフランスの哲学者**デカルト**は、「人間の心には物事を知覚する力が備わっている」としました。

科学的に分析する「心理学」が生まれたのは1879年。**実験心理学**の父と呼ばれるドイツの**ヴント**が大学で実験心理学演習という講義をしたのが、近代心理学のスタートといわれています。

19世紀には、心理学はさらに科学的な実証をもととする学問へと発展。19世紀後半、ヴントは哲学的な論理を排除し、より観察と実証を重んじる意識主義を唱えました。

ヴントは、心はさまざまな要素の集合体だと考えましたが、それを後に否定したのは**ゲシュタルト心理学**でした。ドイツの心理学者**ヴェルトハイマー**らによって「心はひとつのまとまりであって要素に分割できない」とされ、その考えは現在でも受け継がれています。

また、ヴントは「意識」の存在をもって心理学を解明しようとしましたが、オーストリアの精神科医**フロイト**は「人の心には無意識がある」と理論づけました。そしてスイスの心理学者**ユング**も無意識の存在を論じ、個人的無意識と普遍的無意識が存在すると考えました。

心理学の歩み

● 19 世紀末　ヴントの心理学

心をさまざまな要素の集まりだととらえ、心の内面を観察する内観療法によって、意識の観察や分析をおこなう。すべてはさまざまな要素の集まりで構成されているという考えから構成主義とも。

人の心にはさまざまな心的要素の働きがあり、これらを統合して認識が成立する。この統合の法則を解明すれば心の動きがわかる。

ヴント
(1832 ～ 1920)

● 20 世紀初頭　ゲシュタルト心理学

ヴントの構成主義を否定し、心は全体でひとつのもので、分割できないとした。人は部分ではなく、全体（ゲシュタルト）として対象を認識しており、そうした心の認識の仕方を研究する。

人間の心はひとつのまとまりであり、要素には還元できない。全体は部分に還元してしまうと、その意味を失ってしまう。

ヴェルトハイマー
(1880 ～ 1943)

● 20 世紀前半　フロイトの精神分析

人の心はエスと自我、超自我からできており、自我によってエスは制御されていると考える。エスとは人の無意識中にある精神エネルギーで、なかでも性的なエネルギーは大きな力を持っているとした。

エスとは例えるならば暴れ馬で、その暴れ馬の手綱を取っているのが自我。自我は知覚や感情などの主体で自己意識ともいえる。

フロイト
(1856 ～ 1939)

● 20 世紀前半　ユングの心理学

フロイトと同様、無意識に着目。フロイトが無意識を抑圧された記憶や衝動を入れる場所と考えたのに対し、ユングは無意識をもっと普遍的で、神話的なものとつながっているものだとした。

無意識には個人的無意識と普遍的無意識（集合的無意識）があり、普遍的無意識には全人類共通の知恵や歴史が詰まっている。

ユング
(1875 ～ 1961)

多方面の分野に拡大する心理学

あらゆる課題と結びついて 人と社会を守る重要な学問

２０００年以上の歴史のなかで、多くの哲学者、心理学者、精神科医などによって研究されてきた心理学。現代においては、医学、教育、経済、産業などさまざまな分野と連携し、社会にとって不可欠となっています。

心理学は、**基礎心理学**と**応用心理学**の2つに大別されます。基礎心理学は、心理学の根幹となる現象を研究し、人間を集団でとらえて実証します。

近年では、洗脳やマインドコントロールを研究する**社会心理学**、生まれてから人生を終えるまでの心の変化を研究する**発達心理学**、物事を記憶し活用する**認知心理学**などが注目されています。

また、応用心理学は、基礎心理学で構築された理論をほかの分野に活用する心理学です。うつ病やパニック障害、依存症といった心の病の改善に手を差し伸べる**臨床心理学**、犯罪を犯す心理を研究する**犯罪心理学**、災害時に人におよぼす心の影響を研究し被害を受けた人の心をケアする**災害心理学**などがあります。

さらに、企業の業績アップを図るモチベーションの維持や、商品の売れ行きを左右する購買行動を検証する分野もあり、産業や経済の発展に寄与する心理学の研究も活発に続けられています。

心理学は大きくわけて2つある

心理学は大きく基礎心理学と応用心理学に分類。心理学は文系から理系までさまざまな学問と融合されて、新しい心理学が生み出されている。

基礎心理学

心理学の根幹となる現象を研究する心理学で、人間集団に焦点を当てる。研究方法は実験が中心。

社会心理学

人の行動を他者からの刺激や反応の結果と考え、研究する。

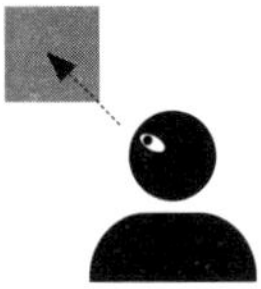

発達心理学

人の心と身体の発達過程のメカニズムを研究する。

認知心理学

人はどのように物事を受け入れるのか、それらの仕組みを明らかにする。

知覚心理学、学習心理学、人格心理学、異常心理学、言語心理学、計量心理学、数理心理学、生態心理学など

応用心理学

基礎心理学で得た法則をさまざまな分野に活用する心理学。人間個人に焦点を当てる。

臨床心理学

心のトラブルの症状の改善に向けて治療に取り組む。

犯罪心理学

凶悪犯罪と社会の病理を解明する。

教育心理学

どう教えればいいのかなどを探究する。

産業心理学、学校心理学、法廷心理学、コミュニティ心理学、家族心理学、災害心理学、環境心理学、交通心理学、スポーツ心理学、健康心理学、性心理学、芸術心理学など

どんなことに活かされているの？

心理学の専門家が取り組む心の病や災害後のサポート

さまざまな分野と連携している心理学。災害や事件の発生、社会の変化、価値観の多様性、そしてパンデミックなどいろいろな不安要素が人々を襲う現代においては、ますます重要な役割を担っています。

うつ病、**適応障害**、**引きこもり**、**パニック障害**などの心のトラブルと向き合うのは**臨床心理学**です。資格を得た専門家が患者に寄り添い、面談、観察、分析などを実施します。

公認心理師、臨床心理士は医薬の投与はできないため、心理療法で改善をサポートします（医薬投与は精神科医によっておこなわれる）。

また、大きな災害の後に不可欠なのが**災害心理学**です。人命や財産を失ったときに受ける大きなショックやパニックは、月日が経過してからも心に大きな傷を残します。

不眠や悪夢が続く、記憶力が低下する、生きていることに罪悪感を覚えるなどさまざまな形で身体に表れ、**心的外傷後ストレス障害（ＰＴＳＤ）**と呼ばれます。心理学によって救済が期待できる分野のひとつです。

こうした心理学を活かした職業も数多く存在します。国家資格である公認心理師をはじめ、臨床心理士、心理カウンセラー、スクールカウンセラー、産業カウンセラー、精神保健福祉士、音楽療法士、家族相談士などです。

さまざまな現場で活用される心理学

人の心の働きを科学的に分析する心理学だからこそ、人の関わる分野ならば、どこでも活かすことができる。

心のトラブルを治す臨床心理学

悩みを抱えている人の心を臨床心理学の療法のひとつである箱庭療法などを使って、癒すことができる。

更生に役立つ犯罪心理学

罪の裁きを受けたあとの犯罪者が社会復帰をスムーズにおこなうために犯罪心理学が活用される。

社会生活を豊かにする社会心理学

個人や集団の行動、流行現象を分析し、対人関係や職場環境を改善したり、適切な情報を提供したりする。

人生の危機を避けられる発達心理学

発達心理学によって人生の各年代で生じる心理社会的危機を回避する方法を知ることができる。

人工知能の開発に役立つ認知心理学

物事を認知する心の仕組みを情報処理システムととらえる認知心理学によって人工知能を発達させる。

災害後の心のケアをする災害心理学

災害心理学を活用して、災害などに遭遇した人々の精神的ショックを軽減することができる。

COLUMN

心理テスト①「心の中の木」

そっと目を閉じて「広い草原の真ん中にある、一本の大きな木」をイメージしてみてください。そして、右の四角の中に書き込んでみましょう。

どのような木を思い描きました?

▼

あなたの心の老化度が判明!

松や椿など常緑樹を描いた人

老化度7%。年間を通して緑の葉を茂らせる常緑樹を描いた人は、とても生き生きとしています。

ケヤキやハナミズキなど落葉樹を描いた人

老化度30%。秋になると枯れてしまう落葉樹。周囲の意見や行動に流されがちではないですか?

葉っぱの枯れた木を描いた人

老化度75%。今は葉が落ちていても再び芽吹きます。今は思う通りにならなくても、きっと花開きます。

立ち枯れの木を描いた人

老化度99%。立ったまま枯れてしまった木は、劣等感や無力感の現れです。諦めずに前を向いて!

PART 2

心理学を通して本当の自分に出会う

ストレスをポジティブに制御する

見方によって物事は変わる むやみに恐れず適切に対処

悪い意味に使われることが多いストレスですが、本来は刺激に対する心の反応であり、感動や心が奮い立つこともストレスの一種と考えられます。強いストレスを感じたり、ストレスを感じる状態が長く続いたりすると、心身にさまざまな負荷がかかります。

アメリカの心理学者**ラザルス**は、**同じ事象でも受け止め方によってストレスを軽減できる**ことを突き止めました。被験者をグループわけし、同じショッキングな映像を見せます。グループによって「苦痛を与える映像」「喜びにつながる映像」「文化を観察するための映像」と前置きします。

何も前置きしなかったグループや、「苦痛」の前置きをしたグループは大きなストレスを感じ、「喜び」「観察」と前置きされたグループはストレスの度合いが低かったというものです。つまり、**出来事に対して前向きにとらえることでストレスは軽減できます。**

そのほかにも、嫌なことに正面から取り組む積極的姿勢や、ストレスから距離を置く努力、環境を変える努力、出来事に対して調べるなどして冷静に分析するなど、ストレスへの対処法はいろいろあります。

また、入浴や軽めの運動で体をリラックスさせ、心のリラックスを誘うのも有効的です。

ストレスで自律神経のバランスが崩れる

ストレスは自律神経のバランスを崩す原因。ストレス過多になると交感神経ばかりが働き、体を回復する副交感神経の働きが鈍くなるので、体調が悪くなる。

肉体的なストレス
運動不足、睡眠不足、不規則な生活、多忙な仕事、花粉などのアレルギー、騒音、暑さ、寒さ、病気、ケガなど

精神的なストレス
仕事や受験でのプレッシャー、将来への不安、人間関係、育児や子育て、いじめ、ノルマ、家計、業績不振、左遷など

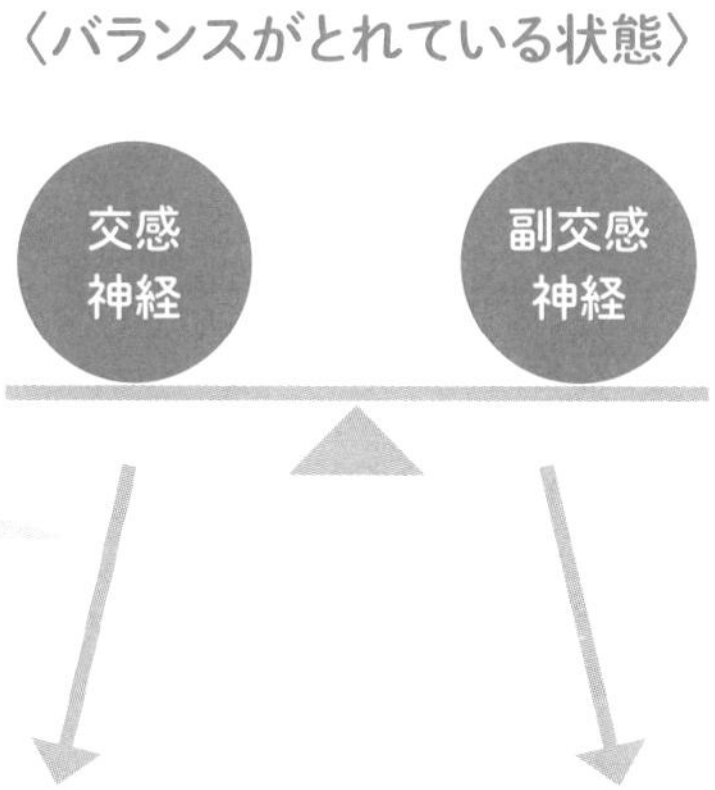
〈バランスがとれている状態〉
交感神経
副交感神経

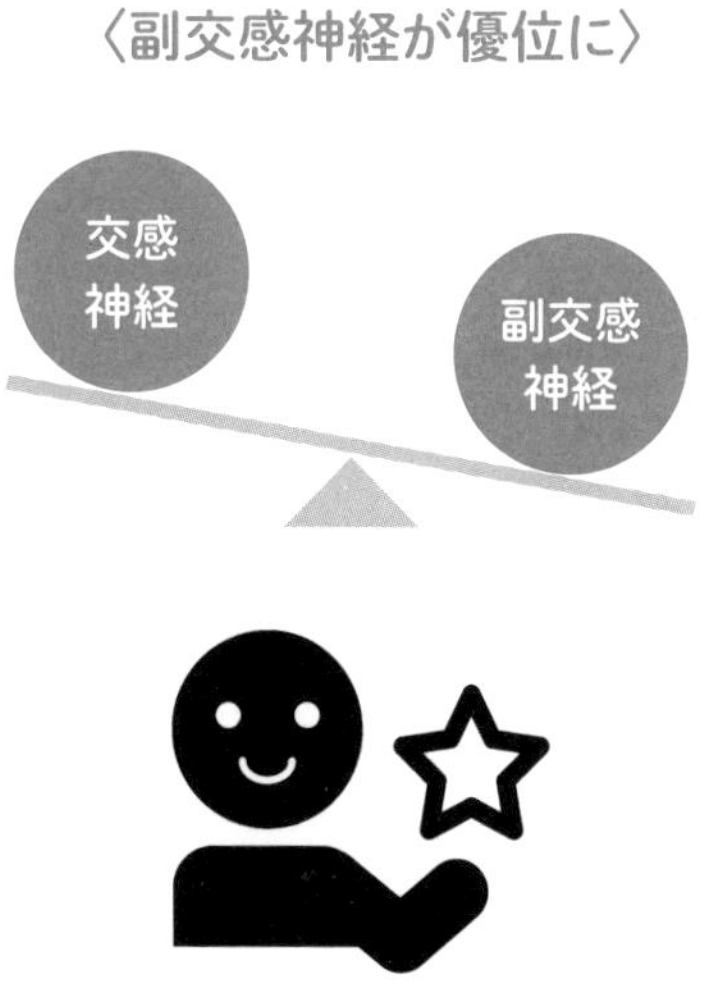
〈副交感神経が優位に〉
交感神経
副交感神経

血管が緩んで血圧が低下。心拍数が減り、心身ともにリラックスした状態になる。

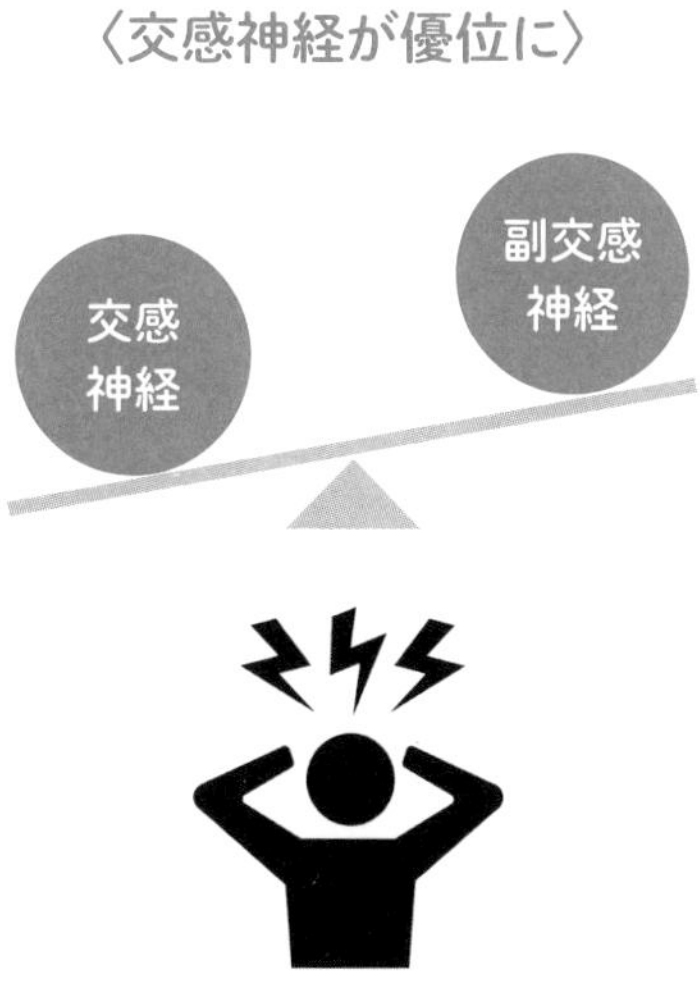
〈交感神経が優位に〉
交感神経
副交感神経

血管が収縮して血圧が上昇。心拍数が増えて、心身とも活動的な状態になる。

怒りの感情をそらすストップ法

6秒間の思考&行動停止で怒りの感情をやりすごす

怒りの感情を制御できない人が増えています。感情を爆発させてキレることは多くのリスクをはらみます。人間関係を壊したり、パワハラで訴えられたりといった事態にもなりかねません。

「キレる」という言葉で表現されるような**強い怒りは6秒間がピーク**だといわれます。たったの6秒、されどその6秒に感情が集中するため抑えるのが難しい。

怒りをコントロールするためには、冷静なときに、自分がどのような場面で怒りを感じるのかを分析しておくことが有効です。怒っているときは「相手が悪い」「わからせてやる」など自分を正当化しがちですが、冷静なときであれば、怒りの暴走が根本的な解決にならないことが認識できるでしょう。

そのうえで、怒りの原因にできるだけ近づかない。怒りを感じた場合は、とにかく一度心を無にしてすべての行動を止める。きっかけとして、**心のなかで「ストップ」と唱える**といいでしょう。これを「ストップ法」といい、その間に怒りのピークをやりすごします。

そのほかにも、その場から離れる。心のなかで6秒を数える。大事なものや幸せなことを思い浮かべる……。と対処法はいろいろあります。自分に合う対処法を見つけましょう。

怒りのピークは6秒

理想と現実が違うと怒りの感情がわくが、外に出さないようにコントロールすることが大切。怒りを鎮める方法を頭に入れておこう。

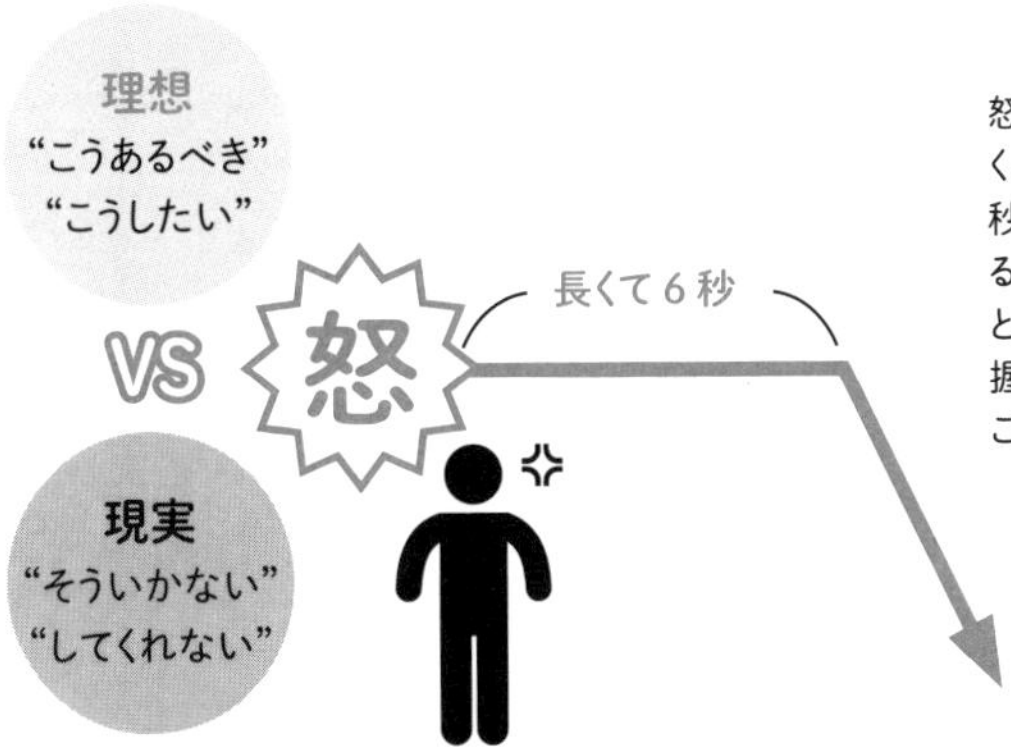

怒りはずっと続くものではなく、ピークは長くても6秒。6秒経てば冷静な判断ができるもの。怒りが爆発しそうなときは数を数える、手を強く握るなどして6秒間をやりすごすのがよい。

ストップ法で怒りをそらす

怒りなど、マイナスな感情を軽くできるのがストップ法（別名・思考停止法）。怒りがわいたとき、下記のことをおこなえば、その感情を小さくすることができる。

机を叩く

輪ゴムをはじく

「ストップ！」と言う

太ももをつねる

日記を書く

近くの人に話しかける

「自分はダメ」から抜け出す方法

自己効力感を高めれば ポジティブ思考に変わる

人は誰でも「自分はできる」「自分はダメだ」という相反する気持ちを抱えています。生きるうえではどちらの感情も必要であり、そのバランスによって「自信のある人」「消極的な人」などの人物像が決まります。

「自分はダメな人間だ」という思考から抜け出したいという場合、「自己効力感（セルフ・エフィカシー）」を高めることが役立ちます。

自己効力感とは、カナダの心理学者バンデューラが唱えた感覚で「自分にはできるだろうと予期する感覚」です。バンデューラはこれを高めるための４つのポイントを挙げています。

もっとも重要なのは「達成体験」または「成功体験」です。自分で達成したことを改めて思い出してみてください。

次に、誰かが成し遂げた様子を見て自分にもできそうと感じる「代理体験」。そして「言語的説得」。これは「あなたならできる」という言葉によって励まされることです。

さらに「生理的情緒的高揚」。苦手な場面を克服できたという事実によって気持ちがあがるというもので、最初の「達成体験」に通じるものがあります。つまり、いきなり大きなことを目指さず、できそうなことを成し遂げて達成体験を積み上げることが、自己効力感を高め、ポジティブ思考を手に入れる近道です。

自己効力感とは…

自己効力感（セルフ・エフィカシー）とは、「自分ならできる」と自分の力を信じる確信の度合いのこと。自己効力感の度合いによって人の行動には差が生まれる。

人
効力期待
「私はうまく行動できる」
行動
結果期待
「行動したらこうなる！」
結果

行動する前の段階に備わっている「自分ならできるだろう」という自分の力に対する期待を指す。「自己効力感」=効力期待となる。

行動した結果として受け取れるメリットへの期待を指す。例えば、タバコをやめたら支出が減るのでお金が貯まるなど。

自己効力感を高める4ポイント

バンデューラは4つの点から自己効力感が形成されると分析。これらは自信につながる要素で、自己肯定感を高めるのにもっとも効果的なのは達成経験である。

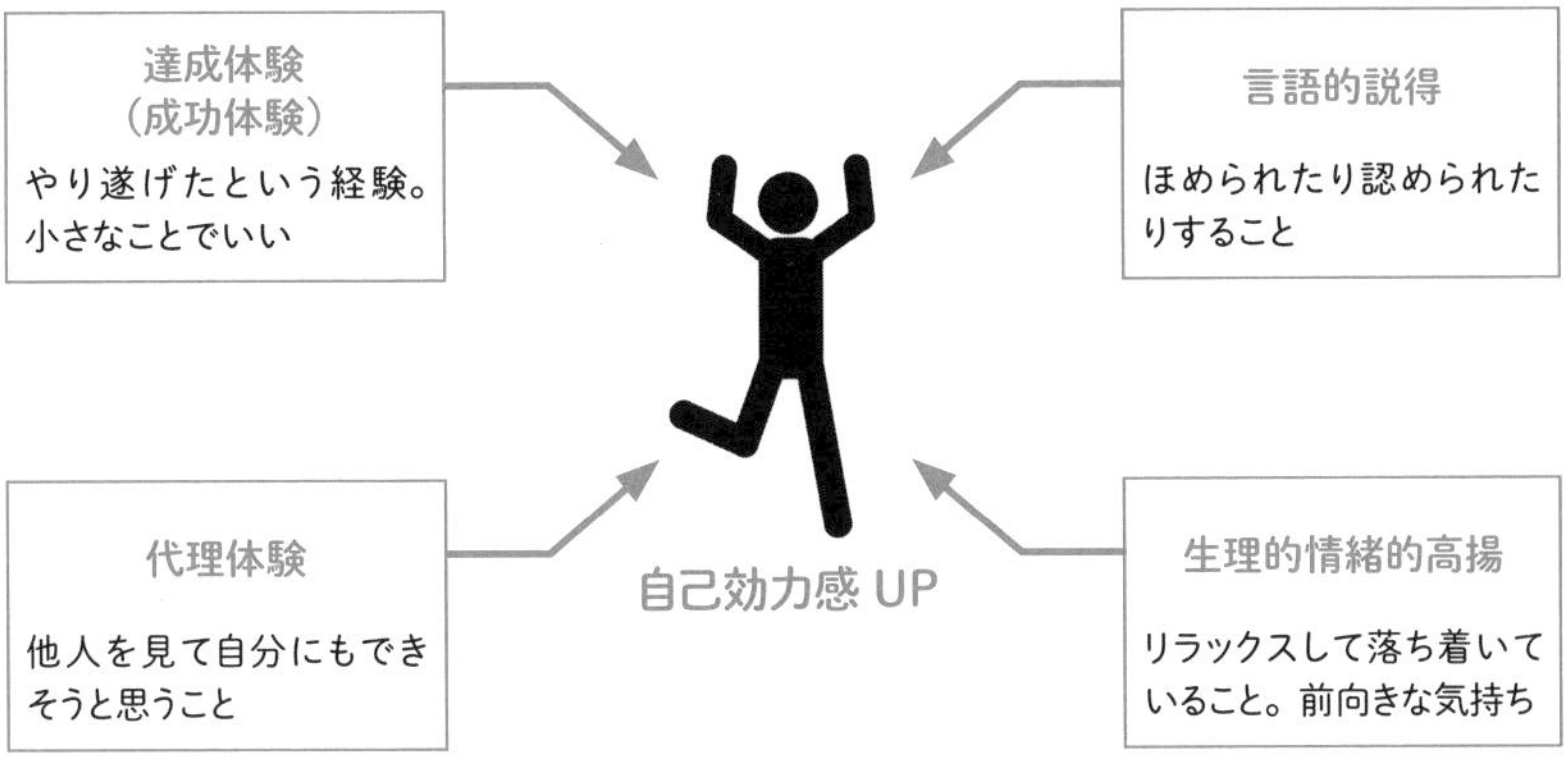
達成体験
（成功体験）
やり遂げたという経験。小さなことでいい
言語的説得
ほめられたり認められたりすること
代理体験
他人を見て自分にもできそうと思うこと
生理的情緒的高揚
リラックスして落ち着いていること。前向きな気持ち
自己効力感 UP

「買い物でストレス発散」に注意

買うほどもっとほしくなる キリのない依存症の闇

「金は天下の回りもの」などとよくいいます。確かにしたいことをことごとくあきらめて「お金を使わないこと」を目的にするのは問題でしょう。しかし「お金を使うこと」が目的の行動も、同じように問題があります。

「買い物依存症」という言葉があります。買い物をすることでストレスを解消したり、満足感を得ようとしたりする症状です。買い物自体が目的になっているため、買った一瞬は満足しますが、すぐにまた買い物がしたくなります。

こうなると、買い物をし続けなければ不安なので、経済が破綻してしまいます。

買い物依存症の目安は、収入で支出をまかなえなくなること。借金をしてまで買い物を続けてしまう状態です。

依存症は性格ではなく、**心からＳＯＳが発せられているサイン**です。周囲の協力や専門機関のサポートを受けることで、精神状態を改善する必要があります。気軽に買い物できないようにクレジットカードを解約する、家計簿をつけるなどといった方法もありますが、それ以前に「買い物に依存するマインド」を変えなければ根本的な解決にはなりにくいでしょう。

人間関係の見直しや趣味を持つなど、**買い物のほかに楽しめるもの、打ち込めるものを見つけることが大切**です。

買い物依存症になるまで

買い物にはストレス発散や気分転換の効果がある。ほしいものがあるから買うのではなく、買う行為が目的となってきたら買い物依存症のはじまりである。

ほしいものを買うというよりも、ストレスや不安を解消するために買い物をする。

買い物をすると一旦は満足するが、ストレスや不安は解消されない。

満足を得るために買い物を繰り返し、お金が続かなくなってしまう。

無理な借金をしてまで買い物を繰り返すようになると、買い物依存症だ。

買い物依存症は、ほかの病気を引き起こす

買い物依存症の怖いところは支払い能力を超えても買い物をやめないこと。破産のリスクがあるうえ、さらにエスカレートするとさまざまな病気が併発する恐れも。

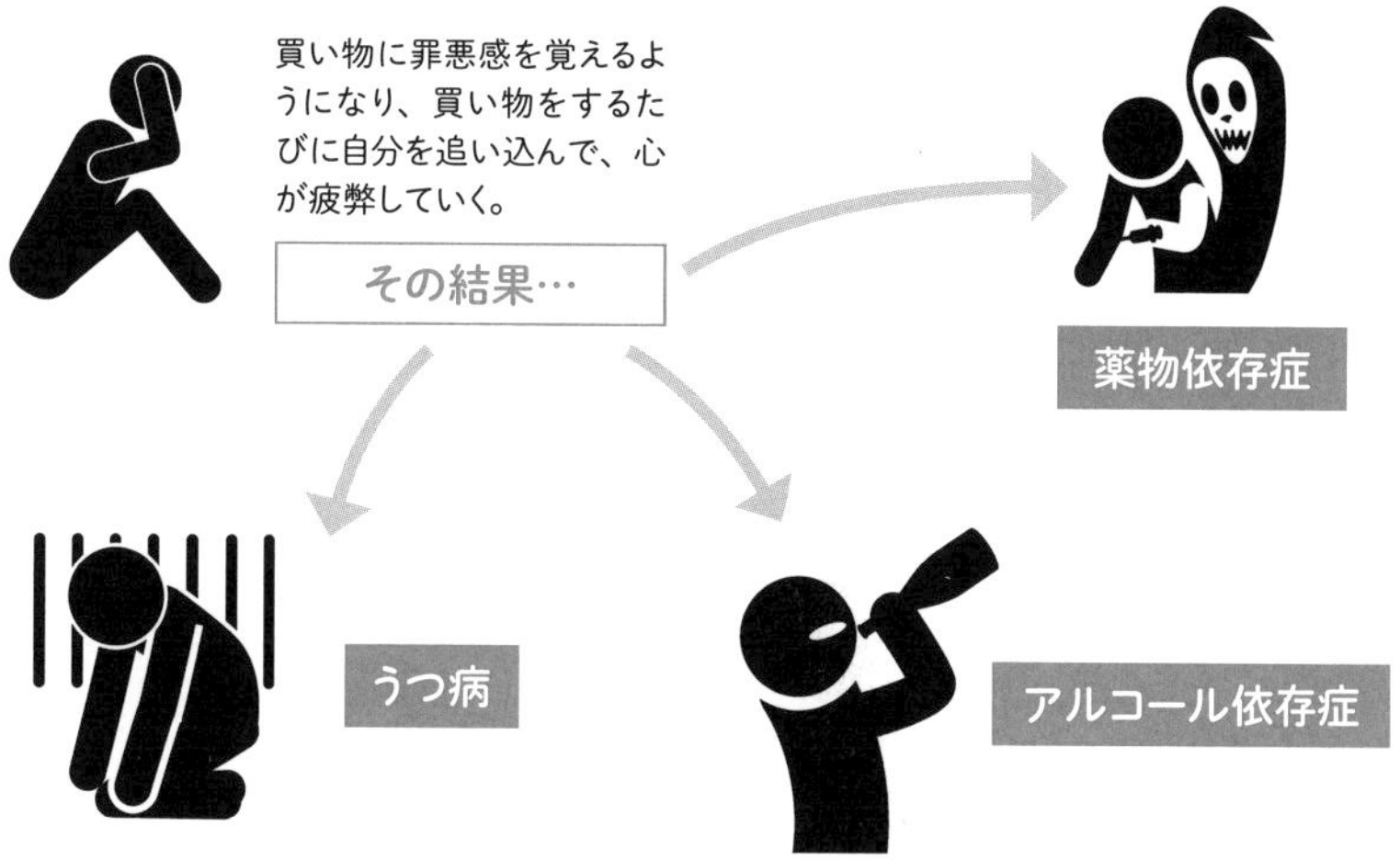
買い物に罪悪感を覚えるようになり、買い物をするたびに自分を追い込んで、心が疲弊していく。
その結果…
薬物依存症
うつ病
アルコール依存症

気に入らない相手ほど共感しよう

話を聞けば仲良くなれる
同意をすれば信頼される

なんとなく好きになれない。苦手であまり話したくない。そういう相手は誰にでもいるもの。近づかないでいられれば問題ありませんが、ビジネスや人間関係の都合で、近しく接しなければならない場合にどうしたらいいか。

大人ですから、何食わぬ顔をして普通に接することもできるでしょう。けれども、せっかくのチャンスなので、**相手の信頼を得て苦手を克服してみようと考えること**もできます。

良好な人間関係を築くポイントは、**相手の話を聞くこと**。人は自分の話を聞いてもらうことで「認められている」と感じられます。自分の話を熱心に聞いてくれる人、さらに共感してくれる人に対しては親近感や好感を抱くのです。

「気の合わない相手の話なんて聞きたくない」などと思わず、相手がどんな人間なのか、なぜ気が合わないと思うのかを観察するつもりで、うなずきながら話を聞いてみましょう。

話のなかには、**何かしら共感できることや、自分との共通点**があるはずです。そこで「私もそうです」と伝えれば、相手からの信頼が増し、自分も相手に対して身近さを感じます。

意見が合うと好意が増す。このことはアメリカの心理学者、**バーン**と**ネルソン**が実験で証明しています。もちろん苦手な相手だけでなく、仲よくなりたい相手に対しても同様です。

人は自分と同じ意見を持つ人に好感を持つ

心理学者のバーンとネルソンは、「意見の類似と好意」の実験で人は同じ意見を持つ人に好感を持つことを実証した。意見が一致すればするほど、相手に対する好感度は上がる。

さまざまな事柄の意見を学生から集め、被験者に他学生の調査票を見せて、その学生の知的能力や教養、道徳性などを評価する実験をおこなった。

被験者の学生は自分と意見が一致する率が高いほど相手に好感を持った。この事実を逆手にとると、嫌いな人の意見にあえて同意していけば、受け入れられるようになるということである。

相手のしぐさに注意して対応する

会話中、相手がどんな心理状態にあるのかは無意識のしぐさによってある程度予想が可能。相手のしぐさを見て、対応することでコミュニケーションは円滑になる。

腕組みをしている

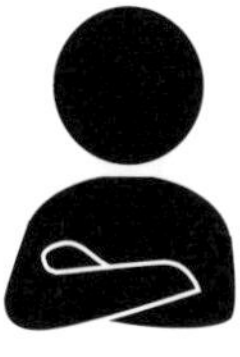

自己防衛の表れなので、相手に受け入れてもらうよう努める。

足をかたく閉じている

緊張の表れなので、相手をリラックスさせるようにする。

口元やあごに手をあてている

発言に慎重になっているので、話しやすい空気をつくる。

女性が髪をいじっている

話や相手に興味がないことの表れなので、話題を変える。

心理実験で未知の自分と対面する

「ジョハリの窓」で自分を知る自己分析マネジメント

知っているようで、実はわかっていない、または間違った認識をしている。それが自分のことだといわれます。

自分を正しく知ることは最強の自己マネジメント方法であり、人間関係を円滑にするポイントでもあります、そのために、自分が思う自分と、他人から見た自分の差を比べる「ジョハリの窓」という手段があります。

「ジョハリの窓」は、アメリカの心理学者ジョセフとハリーが開発した、自己評価と他己評価の認識の差を知り、自己分析するためのツールです。自分を知る人々を集めて、自分のことをどんな人間だと思うかを書き出してもらいます。

自由に書いてもらってもOKですし、あらかじめ用意した「真面目」「リーダーシップがある」「そそっかしい」などの項目から選んでもらう方法もあります。

同時に自分も自分がどういう人間かを書き出します。自分と知人、両方が書いたことが「解放の窓」です。自分だけが書いたことは「秘密の窓」。知人だけが書いたことは「盲点の窓」。この3つの窓に加えて「未知の窓」、自分も他人も知らない可能性の窓があります。

知人からの評価や、どの窓にどんな意見が集まったかを見ると、自分の本当の姿が見えてくるでしょう。

知らなかった自分に気づける「ジョハリの窓」

「ジョハリの窓」は自分を客観視するための自己分析ツール。自分が考える自分の性格と他人から見たあなたの性格を書き出すと、どの部分の傾向が自分のなかで強いかわかり、気づかなかった自分を発見できる。

〈他人は知っている〉

自分をさらけ出すことで、他人は自分への理解をより深める。この領域が広がるとコミュニケーションは円滑になる。

野球好き
だよね？
はい

他人に指摘されてはじめて気づく自分。人の指摘を受け入れることでこの領域は狭くなる。

ナルシスト
だよね？
え!?

〈自分が知っている〉

〈自分は知らない〉

ジョハリの窓

解放の窓

自分も他人も知っている部分。公開された自己。

盲点の窓

自分では気がついていないが、他人には見える部分。

秘密の窓

自分は知っているが、他人には見えない部分。

未知の窓

自分も他人も知らない部分。無限の可能性を秘めている。

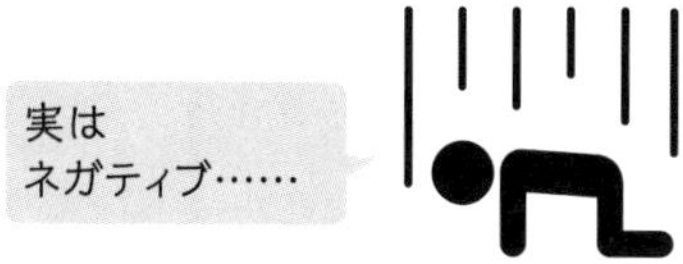
実は
ネガティブ……

まわりの人からは気づかれていない自分。この領域が広くなるとコミュニケーションに支障が生じる。

みんなに
協力してほしい

ある意味、無限の可能性を秘めている自分。自分の可能性を信じて挑戦を繰り返すことでこの領域は狭くなる。

〈他人は知らない〉

紙1枚・ペン1本で自分を知る方法

自分に向き合う20項目で新たな一面を発見する

自分ひとりでできる自己認識法もあります。**自分のなかにある無意識の感情や欲求**を掘り下げるためには「**投影法**」という性格テストが役立ちます。

投影法に分類されるテストでは「**20答法**」が手軽で有効です。用意するものは紙とペンだけ。することは「私は○○だ」という文章を20個書くだけです。

20個なんて簡単だと思うかもしれませんが、途中でだんだん迷いが出るでしょう。そして内面に踏み込んだ内容になっていくはずです。この20個がスラスラ書けるか、なかなか書けないかでも、つねに自分のことを考えている、自分のことに無頓着、自分に向き合いたくない、などの傾向に気づくことができるでしょう。

書いた20項目の内容については、分析や評価、判断するものではなく、**自分が自分をどう思っているかを客観的に知る手段に留めます。**自分が向き合っていなかった弱点や、誇らしく思っていること、目指したい姿などが表れていることに気づくかもしれません。

これは「**文章完成法**」と呼ばれる手法ですが、そのほか、絵を見て吹き出しをつける「バルーンテスト」「あなたを動物に例えると?」などあるものをほかのものに例えさせる「比ゆ法」など、投影法にも複数の手法があります。

自分の隠された一面に気づく20答法

アメリカの心理学者クーニとマックパーランドが開発した自己分析法のひとつ、「20答法」を使えば、抑圧されていた欲求や悩みなど、自分の隠されていた一面に気づくことができる。

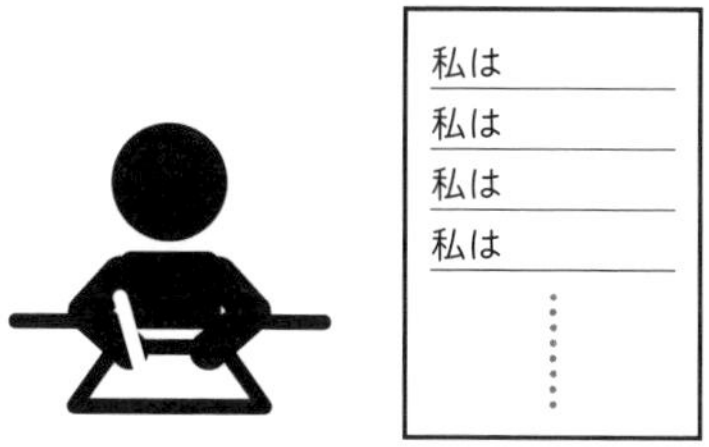
私は
私は
私は
私は

5分間で「私は～」ではじまる文章を 20 個作成する。最初のほうはすらすら書けるが、半分をすぎたくらいから徐々に書くことがなくなり、答えを見つけるのが苦しくなってくる。

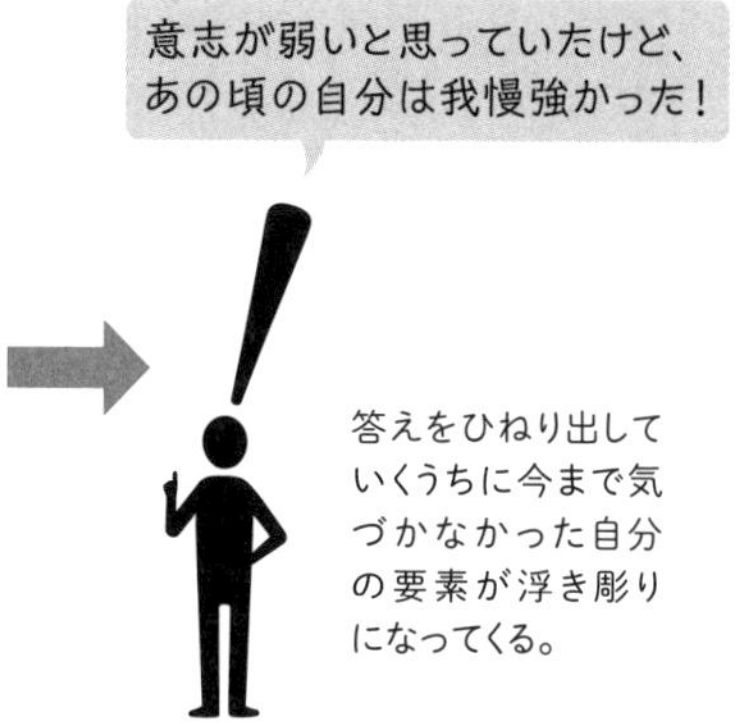
意志が弱いと思っていたけど、
あの頃の自分は我慢強かった！

答えをひねり出していくうちに今まで気づかなかった自分の要素が浮き彫りになってくる。

いろいろな方法で自分と向き合う

無意識下の欲求・感情を引き出す方法は20答法以外にも存在する。「投影法」と呼ばれるこれらの方法で自分と向き合うクセをつけておけば、いざというときにしっかりと解決策を考えられるようになる。

絵の中の人たちは
何と言っている？

バルーンテスト

絵の空白の吹き出しを埋める作業から隠された自分の気持ちなどに気づける。

あなたを動物に
例えると何？
私は猫です

比ゆ法

あるものをほかの物や人に例えさせる作業から自分自身の気づいていなかった感情などに気づくことができる。

ネットで誹謗中傷してしまう理由

匿名のときや集団のとき人は実際よりも非道になる

利害関係のない誰かが発した個人の意見に対して、面と向かって「お前は間違っている」「生きている価値がない」などという人がいるでしょうか？

いたとしたら、その人こそおかしい。ところが、同じことがネット上では当然のようにおこなわれています。

誹謗中傷《ひぼうちゅうしょう》や、面と向かっては口に出せないようなひどい言葉を投げつける。ひとつの対象に向かって、よってたかって傷つけようとする。なかには「間違いを正してやっている」という正義感を振りかざす人もいますが、では、公衆の面前で、自分の身分を明かしても同じことができるでしょうか？

これは**匿名《とくめい》性による「没個性化の状況」が引き起こすもの**です。匿名の場合、人は冷酷に暴力的になりやすいことが、アメリカの心理学者**ジンバルド**の実験によって証明されています。

そして攻撃を繰り返すことで、さらに冷酷さを増していくということもわかっています。そういった状態が集団化するインターネットの世界は、便利な反面、リスクもはらんでいます。

万が一、**攻撃対象になってしまったら、ムダな反論はせずにその場を離れること**。自分がネットに書き込みをする際は、知っている人に直接伝えられる内容や伝え方かをよく考えましょう。

匿名になると、人は冷酷になる

心理学者ジンバルドの実験によると、人は匿名の状況下だと冷酷になりやすいという。人がネットで誹謗中傷してしまいやすくなるのもこうした理由からだろう。

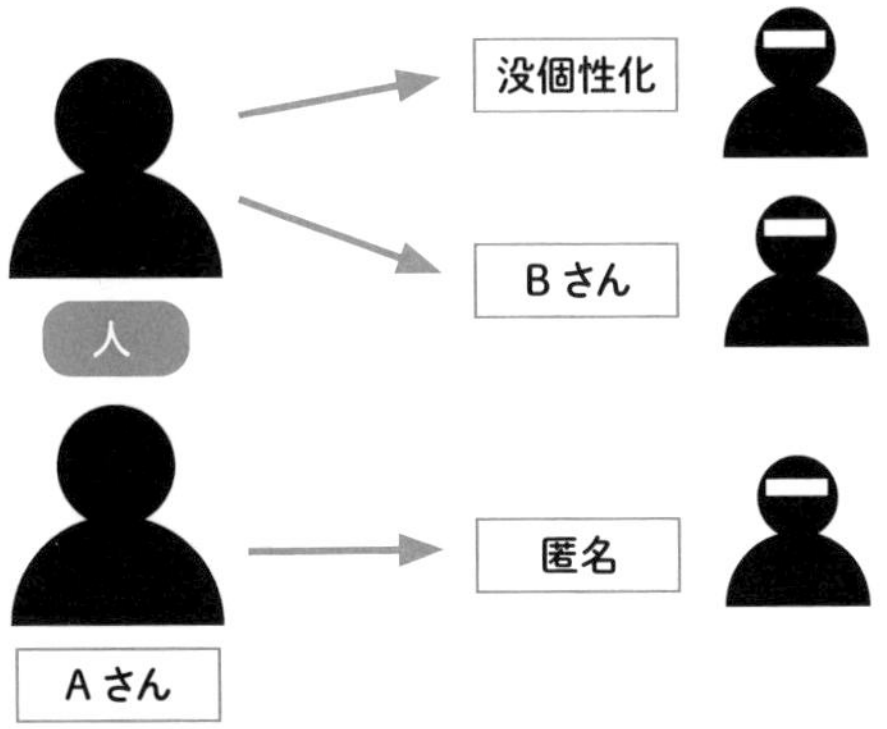
没個性化
Bさん
人
匿名
Aさん

顔を隠した状態（没個性化の状況）にしたふたりの人の片方に名札をつける。すると、人は名札をつけてない人に対してより冷酷な行動をとる。

匿名の状態と名前を明かした状態では、匿名の状態のほうが人は相手に対してより冷酷な行動をとる。名前を明かした状態だと自分も痛みを伴うからである。

物事を吟味するクセをつける

カナダの心理学者バンデューラの実験によると、人の攻撃行動は別の人の攻撃行動を促すという。攻撃に加担する前に一旦立ち止まって考えてみることが大切だ。

模倣学習

子どもに大人が人形に乱暴している様子を見せると、見せられた子どもは、そうでない子どもに比べて攻撃的になった。他人の攻撃性に感化されて自分も攻撃的になる現象を模倣学習という。

あいつが悪いのか…
お前が悪い

炎上しているSNSなどがあると、こんなに大勢に責められているのだから、この人は悪いことをしたのだろうという心理が働き、炎上に加担してしまう。

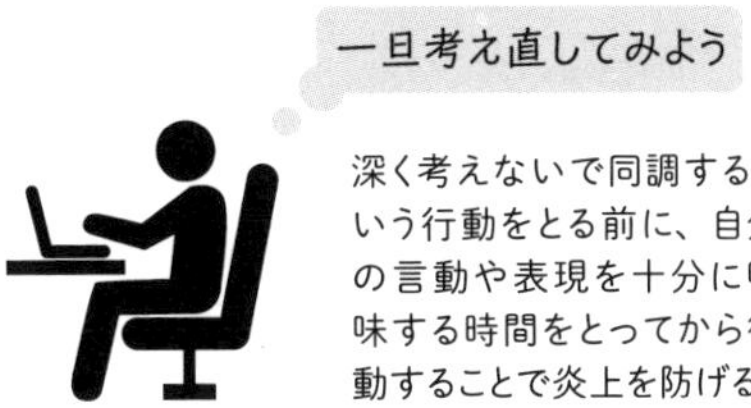
一旦考え直してみよう

深く考えないで同調するという行動をとる前に、自分の言動や表現を十分に吟味する時間をとってから行動することで炎上を防げる。

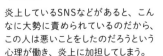

ひとつの仮面にこだわらず生きる

いろいろな顔を持つと自由な気持ちになれる

大学生が万引きをしたというのと、医者が万引きをしたというのでは、世間の見方がガラリとかわります。医者のほうが非難されるのが一般的です。

これは「医者なのだからお金に困っていないはずなのに」とか、「人を助けるのが仕事なのに」といった、**その人（職業）に対する人々のイメージが影響しています**。どんな職業、どんな人であっても、このイメージから完全に自由になることはできません。それが**「他者にとっての自分」でもあるから**です。

けれど、自分自身がそのイメージにとらわれすぎるとストレスになる場合があります。例えば「いい父親」「できる上司」という理想像を求めすぎると、そこから外れた要素を自分に感じるたび、ダメな自分を責めてしまうかもしれません。目標を持つのはいいことですが、そうでない自分を許せないのはつらいことです。

人は誰でも、いろいろな顔を持っています。夫であり父であり、上司でも部下でもある。

人から見られたい自分、見られている自分を**「公的自己意識」**といい、自分の気持ちに素直な姿を**「私的自己意識」**といいます。どちらも必要なものであり、バランスを保つことでストレスの少ない、スムーズな日常生活が送れることを認識しましょう。

いつでも同じ仮面をつける必要はない

人は社会生活においていくつもの仮面（ペルソナ）を使いわけている。自分が所属している社会のなかで、与えられた役割を知らず知らずのうちに演じているものなのだ。

ペルソナ　よいママ　育児ノイローゼ

人はペルソナと呼ばれる仮面をいくつかの状況で使いわけている。

「よいママ」という仮面の役割を演じることに過剰に適応してしまうと……。

仮面をかぶり続けることが負担になり、育児ノイローゼなど心と体に不調をきたしてしまう。

よい上司の
仮面
頼れる
友人の仮面
クールな
お客の仮面
優しい
父親の仮面

社会的評価にとらわれすぎると、周囲の意見に同調することで自分の意見を抑え、欲求不満の状態に陥りがち。さまざまな仮面をつけ変えれば、上手に気分転換できる。

社会的評価の思い込みから逃れる

人には無意識に、他者をカテゴリーわけして判断する心の働き（ステレオタイプ）があり、自分もステレオタイプ的な期待という重いふたをのせられて生きている。

社会的評価

自分はほかの人にどう思われているか、という社会的評価をつねに気にして日常生活を送っている。

社会的評価の思い込みがストレスとなり、それが積み重なった挙句に魔がさして犯罪を起こすことも。

あまり深く思い込まず、他人からの目を気にせず、自分を愛そう。上手に気分転換することも大事。

お金に対する欲求から解放される

ほしいと思うほど足りない お金の不思議の心理学的理由

1000円というお金は、誰にとってみても1000円のものを買えるということに変わりありません。

けれどその価値は人によってまったく違います。毎日500円のランチを食べている人にとっては2日分のランチ代。毎日2000円のランチを食べている人にとっては、1日分にもなりません。つまり、**お金の金額に左右されることは、あまり意味がありません。**

重要なのは、**そのお金が自分にとってどれだけの価値を持つか**です。そしてそれは、自分自身で決めることができます。自分自身でお金の価値をコントロールできれば、**お金にふりまわされにくくなるはずです。**

同じ月給のふたりの人がいたとして、ひとりはいつも足りないと不満を持ち、もうひとりは楽しく満ち足りて暮らしている。

アメリカの心理学者、**ブルーナー**と**グッドマン**の実験では、高収入の家庭の子どもはコインを実物よりも小さく描くが、低収入の家庭の子どもは、実際の大きさよりも大きく描くという傾向が出ました。つまり、**欲求が強いと、その対象が大きく見えるということ**です。

お金はほしいと思えば思うほど、大きな存在となり、ふりまわされてしまう。現状に足ることを知って過ごしたいものです。

お金の見え方は人によって異なる

物の見え方は社会的背景や欲求によって変わる。そのことを心理学者のブルーナーとグッドマンはコインの実験によって実証した。

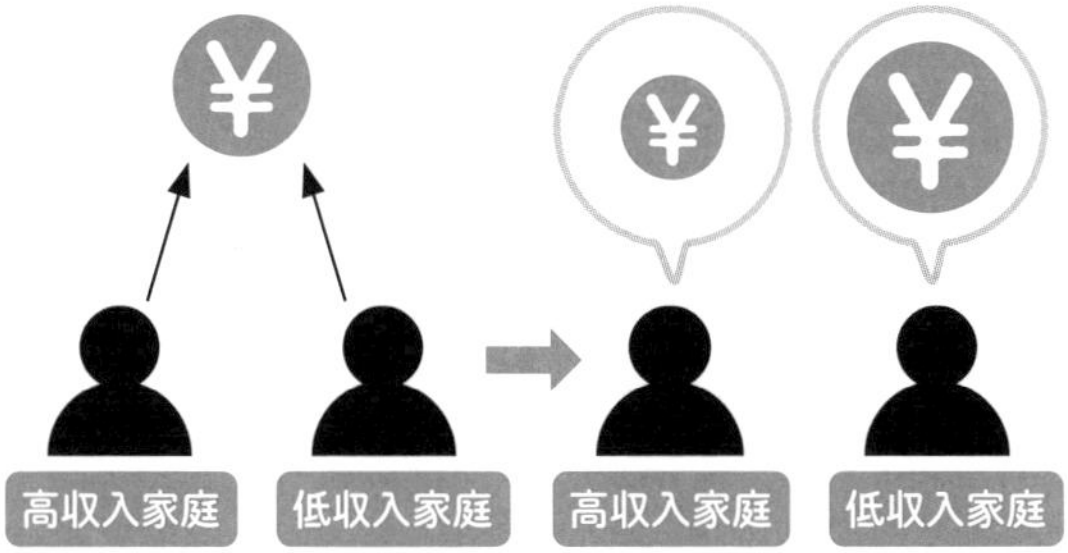

高収入家庭の子どもと低収入家庭の子どもにコインを見せて、その後、コインと同じ大きさの円を描いてもらった。

すると、低収入家庭の子どもたちはコインを実際よりも大きく描き、高収入家庭の子どもたちは実際よりも小さく描いた。

社会的知覚は欲求に左右される

社会的に価値があるものは知覚的に強調され、対象への欲求が大きいほど強調も大きくなる。だから、低収入家庭の子どもたちにはコインが実際よりも大きく見えたのである。

自分の欲求を知りコントロールする

自分が何に対して欲求を持っているのかを把握しておこう。自分の欲求を俯瞰《ふかん》して見られるようになれば、コントロールすることもできるはずだ。

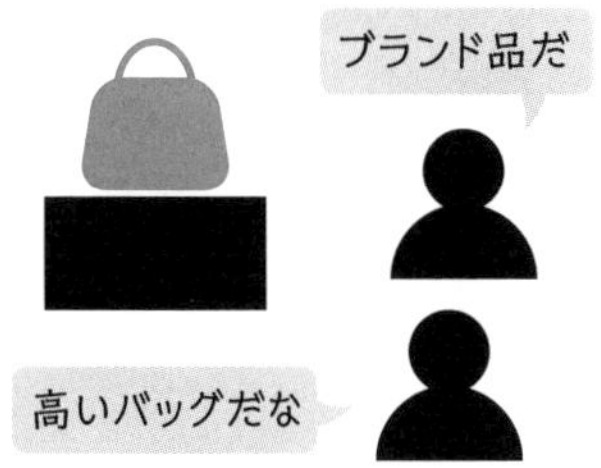

ブランド品に価値を見出《みいだ》す人にしたらどんなにお金を払ってでもほしい商品も、価値を見出さない人にとってはただ高い商品でしかない。

社会的価値は絶対的なものではないこと、自分の価値観とイコールではないことを自覚しよう。すると、自分の欲求はコントロールできる。

COLUMN

心理テスト②「上司が見ている?」

あなたはオフィスでパソコンに向かい仕事中。ふと「上司が自分を見ている」ような気がしました。そのとき、あなたはこの上司に対して、どのように考えましたか？　次の4つから選びましょう。

上司があなたを見ている。なぜ?

A

「目が疲れたな～」と顔を起こしたところだった。私を見ているわけではない。

B

私に何か用事があってこちらを見ていた。

C

誰かほかの人に用事を頼もうとしていると思った。

D

こういうことはよくある。あまり気に留めない。

心理テストの答えは70ページに。

PART 3

人間関係の難題を解決するコミュニケーション術

完璧主義を手放し、心地よく生きる

１００点を目指さない自分も価値ある存在だと認めよう

仕事のミスは許されない、期限内に終わらせるためには残業は当然、周囲からの評価を落とすわけにはいかないなど、**完璧主義になりすぎ**ていないでしょうか。

完璧にやらなければ、小さなことにこだわりすぎて時間がかかり、期限内に仕上げられなかった自分を許せない。さらに、完璧を追い求めない人を認められず、人間関係が悪くなることもあります。

では、なぜ完璧主義を貫こうとするのでしょうか。それは、私たち日本人は、幼少時から減点方式で教育を受け、価値観を育んでいるからと考えられています。

１００点を目指すべき、１００点でなければ認められないといった社会で育つため、１００点をとれない自分には価値がないと思い、他者に認められたいという**承認欲求（自己肯定感）**が満たされなくなります。そして、承認欲求の低下を恐れ、１００点を目指し、さらに苦しくなるという悪循環が起きているのです。

人生を楽しむためには、完璧主義を手放すこともひとつの選択。１００点を目指したとしても、それ以外のことは多少は気を緩めてもいいというスタンスをとることで、**ワークライフバランスも整ってくる**でしょう。そのなかで築く人間関係も豊かなものになるはずです。

完璧主義者が完璧を求める理由

アメリカの心理学者マズローの「欲求5段階説」によると、人の欲求には5つの段階がある。完璧主義の人は承認欲求を満たすために完璧な行動を目指している。

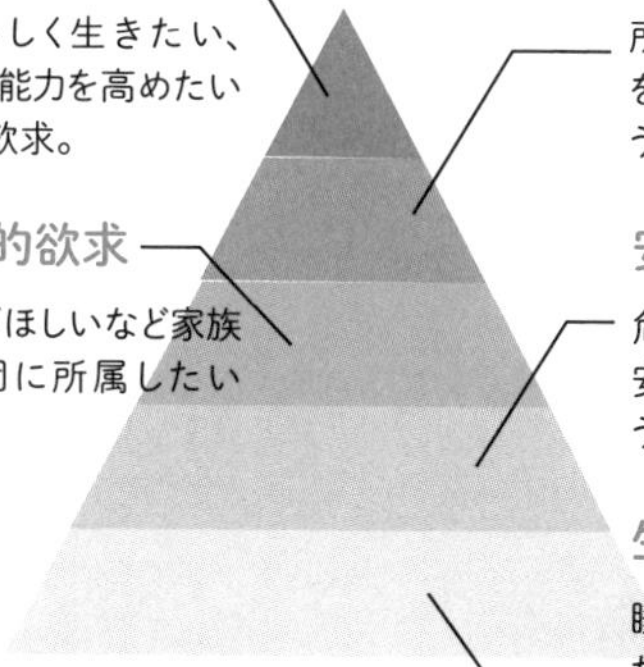

自己実現欲求
自分らしく生きたい、自分の能力を高めたいという欲求。

社会的欲求
仲間がほしいなど家族や集団に所属したい欲求。

承認欲求
所属した集団から存在を認めてもらいたいという欲求。自尊欲求とも。

安全欲求
危険から逃れたい、安全に暮らしたいという欲求。

生理的欲求
睡眠をとりたい、食べたいなど生命維持のための根源的な欲求。

完璧主義の人は完璧にできないと自分は認めてもらえないと考える。その場合、自分には価値があると思える感覚（自己肯定感）が低くなり、承認欲求を満たすことができなくなる。

完璧主義からの脱却法

完璧主義にとらわれないようにするには、思考に柔軟性を持つことが大切。考え方を変えて、ワークライフバランスを整えよう。

コラム法
つらいと感じた状況などを書き出し客観的に見返すことで、変化した気持ちを自覚し、自分を苦しめない考え方に気づく。

ポジティブ思考への置き換え
完璧にやることに執着するよりも、自分が満足できる仕事のやり方ややりがいに目を向ける。

優先順位をつける
手を抜いてもよいものは手を抜く勇気を持ち、時間的な優先順位をつけて物事に取り組む。

スモールステップの原理
いきなり大きなことをやらず、小さなできることを積み重ねていき、自己肯定感を高める。

適切な距離感で良好な関係を築く

パーソナル・スペースを知り心地よい間柄をキープする

動物にはなわばりがあり、そこに入ろうとする他者を避けようとしますが、人間にも同じような概念があります。これを**パーソナル・スペース**と呼び、親しくない人には近寄ってほしくないという気持ちがあるのです。

心理学では、人と人の間には、関係性によって**適切な距離感があると考え**、**対人間距離**と呼んでいます。アメリカの文化人類学者ホールは、対人間距離には、家族・恋人・友人との**密接距離**、友人・知人との**個人距離**、仕事相手との**社会距離**、まったく知らない相手との**公衆距離**の4パターンあるとし、さらにそれぞれを**近接相と遠方相**にわけて論じました。

よりよい人間関係を築くには、この対人間距離を意識することが大切です。密接距離の間柄にある相手とは、タイミングを見計らって近づき、接触することで思いを伝えることができ、相手に安心感や信頼感を与えることもできます。しかし、見ず知らずの他人がこの距離に寄ってきたら、誰もが不快に感じるでしょう。

対人間距離は、話し方にも反映されます。仕事相手に対して家族や恋人のような話し方をすれば「なれなれしいな、失礼だ！」と憤慨させてしまいます。逆に、親しい相手にていねいすぎる言葉使いをすると「信用されていないのかな？」と思われて逆効果になるので要注意です。

人は対人間距離を使いわけている

人間は無意識のうちに相手との親密度に応じて、自分との接近を許す心理的距離を使いわけている。よりよい人間関係を築くためには、対人間距離を意識することが大切である。

密接距離

近接相 0 ～ 15cm
息遣いまで伝わる、特別なふたりだけの距離。

遠方相 15 ～ 45cm
他人がここまで近づくと違和感やストレスを覚える距離。

個人距離

近接相 45cm ～75cm
夫婦や恋人以外が踏み込むと、気持ちを誤解される距離。

遠方相 75cm ～ 120cm
互いに手を伸ばして指先が触れ合う距離。

社会距離

近接相 120 ～ 210cm
仕事仲間と過ごすには最適な距離。

遠方相 210 ～ 360cm
全体的な姿は見ることができる距離。

公衆距離

近接相 360cm ～ 750cm
個人的な関係を築くのは難しい距離。

遠方相 750cm ～
身ぶりでのコミュニケーションが主体となる距離。

対人間距離は趣味でも開く

対人間距離は趣味や興味などの違いで判断されることもある。同じ考えや嗜好《しこう》を持つ者同士は対人間距離が近くなりやすい。

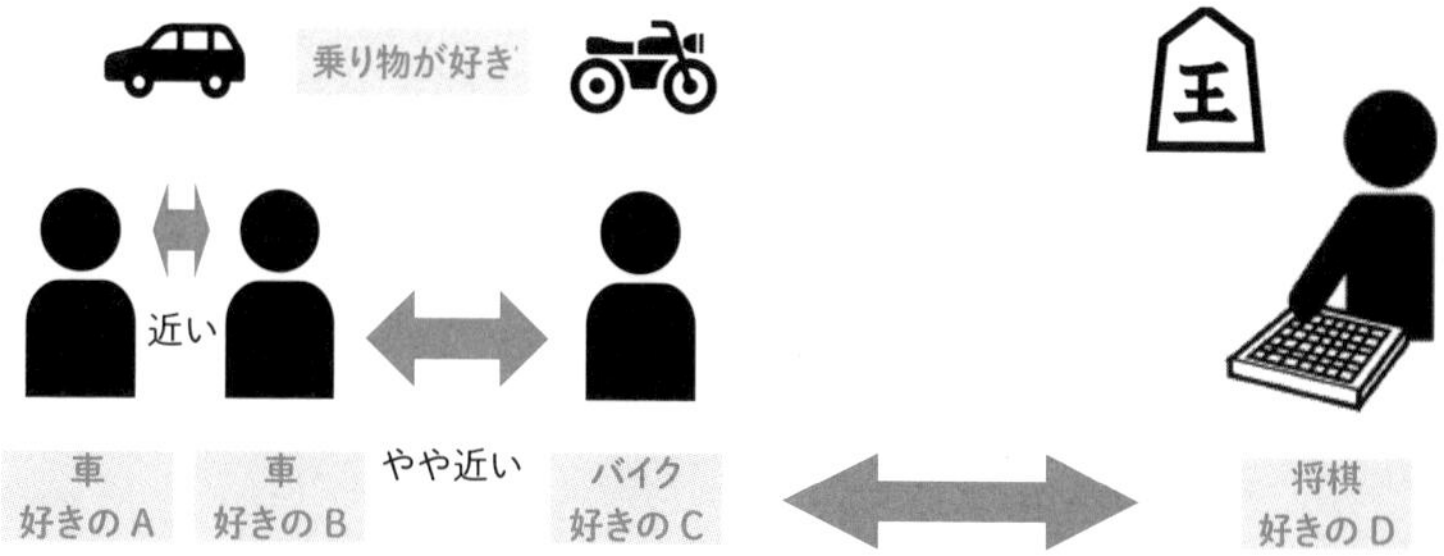

車好き同士は対人間距離が近く、バイク好きも同じ乗り物好きなので対人間距離が近いと考えられる。

対人間距離がかなり遠い

乗り物好きと将棋好きは嗜好が異なるため、対人間距離は遠いと考えられる。

相手の感情にそろえて平穏をキープ

話をさせてペースを合わせ怒りが鎮まるのを待つ

怒りをぶつけてくるクレーマー、不機嫌な態度の上司や部下、悩みを抱えてひどく落ち込んでいる家族や友人……。そんな相手とのコミュニケーションはとても気を遣うものです。

反論したり、対抗したりするようなことをいったりすれば、相手はさらに気分を害し、事態は悪化の一途をたどります。そんなときの対処法は、**とにかく相手の話を聞く**ことです。

これは、心理学でも**「おしゃべり療法」**と呼ばれ、気持ちが荒立っている人には、とにかく話をさせて落ち着きを取り戻させるというテクニックです。

また、相手の感情にこちらの気分や話し方をそろえる**ペーシング**という手法も効果的です。相手のペースに合わせてコミュニケーションすることで、相手が抱いている不安や不満を取り除き、共感することで安心感を呼び起こします。

具体的には、**相手の会話のスピードや声のトーンに合わせる**（マッチング）、**同じような表情やしぐさをする**（ミラーリング）といった行動です。

怒ったり不機嫌になったりしている相手に「まあまあ、落ち着いて」などと冷静に対処しては火に油を注ぎかねません。まずは相手の気持ちに自分の気持ちをそろえて、火の勢いがしだいにおさまるのを待つことが正解です。

クレーマーには話をさせる

クレーム処理は下手な対応をすれば火に油を注ぐことになりかねない。解決法はただひたすらに相手の話を聞くことである。

クレーム処理で相手が話している時に口を挟むのは厳禁。相手はよりムキになってクレームを言い続ける可能性がある。

気の済むまで話をさせると、相手は次第に落ち着きを取り戻してくる。相手が冷静になってから対策を説明するのがベター。

おしゃべり療法

ひたすら相手の話を聞くという心理療法。患者の話をよく聞き、無意識のなかに封じ込められていたものを言語化し、分析する技術である。

攻撃的な人へのうまいかわし方

気持ちが荒ぶっている人と会話するときは、相手の土俵に上がらず、ペーシングのテクニックを使って自然体で対処しよう。

マッチング

声のトーンや速度などを相手と合わせる。

チューニング

相手の気分や精神状態に合わせる。

ミラーリング

しぐさや表情などを相手と合わせる。

絶対に断られない交渉テクニック

お願いごとを段階的に上げ下げしてOKをゲット

お願いごとを相手に受け入れてもらいたいとき、ぶしつけに「これやって！」といっても相手は承諾してくれません。そんなときは**ドア・テクニック**と呼ばれる心理手法を駆使して、交渉をスムーズに進めましょう。家族との交渉ごとや、人にお金を借りる際にも活用できます。

大きな依頼をする前に小さな依頼から段階的に増やしていく方法はフット・イン・ザ・ドア・テクニック（段階的説得法）呼ばれます。

例えば、同僚に仕事を手伝ってほしいとき、「悪いけど1時間だけお願いできる?」と切り出してみます。それくらいならと引き受けてくれたところで、「ごめん、2時間くらいでもいい?」と要求すると、一度OKしたことを断るのは悪いと思う同僚は「うん、いいよ！」と承諾してしまうのです。

これとは逆に、まず**大きな依頼をしてから段階的に要求を下げ、最終的に本来の依頼を承諾させる方法をドア・イン・ザ・フェイス・テクニック**（譲歩的要請法）といいます。

例えば、1時間くらいの作業を依頼したいとき「3~4時間手伝って」といってみて、断られたら「じゃあ1時間だけならどう?」と依頼します。相手は、そのくらいなら手伝おうという気持ちになり、「OK！」といってくれるという手法です。

断られないための5つのテクニック

交渉で合意にいたるために、さまざまな方法を使って、相手の態度や行動を変えさせる必要がある。5つの交渉のテクニックを覚えておきましょう。

①フット・イン・ザ・ドア・テクニック（段階的説得法）

段階的に頼みごとの難易度を上げていく手法。最初の頼みごとに応じてしまうと次の難しい要求に対して断りづらくなるという人の心理を利用している。

②ドア・イン・ザ・フェイス・テクニック（譲歩的要請法）

拒否されることを見越して最初は大きな要求を投げかけ、断られたら小さな要求に切り替える。相手は最初の要求を断ったうしろめたさから応じてしまう。

③片面提示（一面提示）

主張したい内容や相手から同意を得たい内容に対して、プラスの面だけを伝える。

④両面提示（二面提示）

相手に同意してもらいたい内容などに対し、プラス面とマイナス面の両方を提示する。

名前を呼ぶだけで親近感アップ

会話のなかで名前を呼び、共通点を見つけて好印象に

商談を有利に進めたいとき、新入社員や初対面の人と親しくなりたいときなどには、心理的距離を縮めることがポイントです。そこで**会話中に相手の名前を呼んでみましょう。**

例えば、「先程おっしゃった件は……」というところを「○○さんがおっしゃった件は……」と相手の名前を入れるだけで、親近感、信頼感を得ることができます。この方法は、**オンラインでの商談や会議、飲み会にも効果的。**トークの合間に相手の名前を入れることで、伝わっているかな、理解してもらえているかなといった相手の不安感を取り除くことができるます。

会話をしながらうなずいたり、相づちを入れたりすることも心理的距離を縮めるので、聞く姿勢をしっかり持って臨みましょう。

雑談のなかに**共通点を見出《みいだ》すこと**も信頼感につながります。アメリカの心理学者ハイダーは、**自分、相手、共通点（事象）の3つのバランスがとれることで関係性が安定する**と説きました。

商談の前後に「○○さんのオススメランチはどこですか?」と聞き、その返事に対して「僕もその店に興味あります」といえば、共通点がひとつ見つかり、安定した関係に近づいたことになります。商談前には共通点探しのネタをいくつか用意しておきたいものです。

相手の親近感を上げる方法

相手と親しくなるには心理的距離を近づけることが必要。オンラインでの商談や会議のなかでちょっとしたテクニックを使うだけで相手が受ける印象は変化する。

Aさんは
○出身
なんですね
私に興味を
持ってくれ
ている！
Aさん、
お久し
ぶりです
名前を
覚えてくれ
ていた！
うんうん
わかって
くれてる…

会話の中で相手の名前を呼ぶと、相手にお返ししないと悪いという返報性の法則が働き、心を開いてくれる。

再会した際、相手の名前を呼ぶ。名前を呼んでもらえると、その人の脳にオキシトシン（幸せホルモン）が生まれ、相手に好感を抱く。

会話のなかでうなずく。うなずきは同意や許可、承認などを意味する動作で、話し手は肯定された気分になり、聞き手に好感を抱く。

共通点が多いと人間関係は安定する

心理学者のハイダーいわく、人間にはある人と他者、共通点（事象）の三者間で不均衡を避け、バランスをとろうとする心の動きがあるという。他者との間に共通の趣味などがあれば、良好な人間関係を築きやすい。

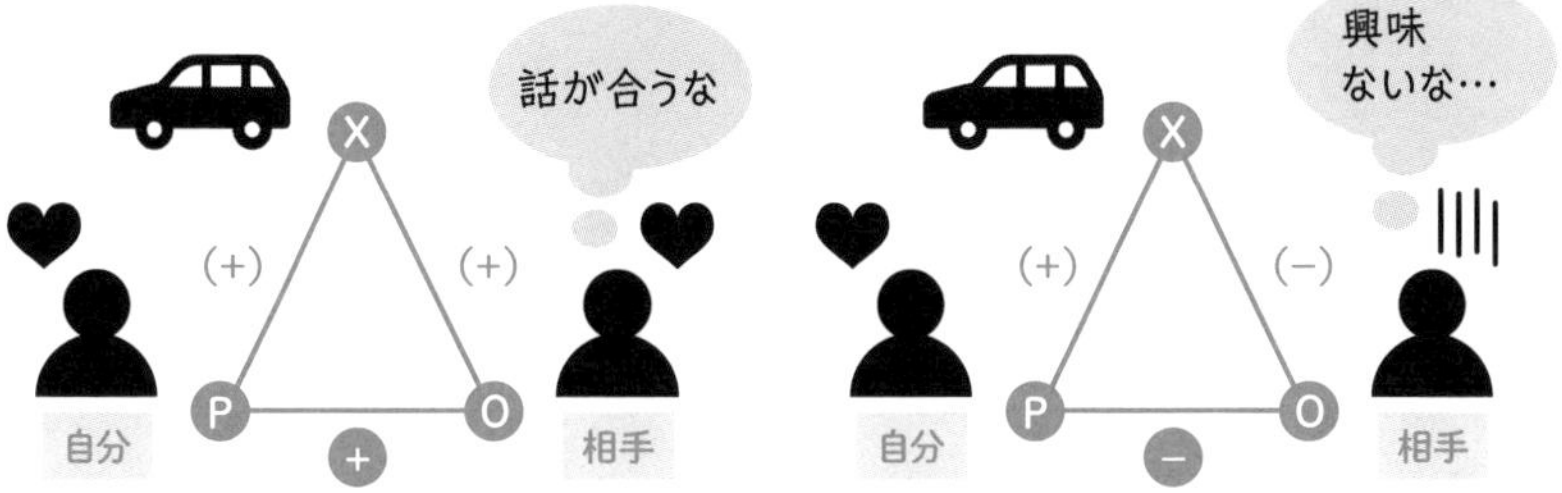
話が合うな
X
(+)
(+)
P
O
+
自分
相手
興味
ないな…
X
(+)
(−)
P
O
−
自分
相手

自分（P）は車（X）が好きなのでP→Xの関係は（+）、初対面の相手（O）も車が好きなのでO→Xの関係も（+）、車の話題を出せば、自分と初対面の相手との関係は（+）となる。

P→Xは（+）になるが、初対面の相手は車が好きではないので、O→Xは（−）となり、P⟷Oは（−）になる。この場合は車の話はやめて、他の共通の話題を探そう。

公言してモチベーションをアップ

目標を設定してみんなに公表させ、やる気を刺激する

仕事に身が入らない部下、勉強しない子ども、ダイエットに踏み出せない自分……人間のやる気スイッチはなかなか入りません。

しかし、ちょっとした工夫でモチベーションアップと目標達成が可能になるのです。それは、**目標を多くの人に宣言すること**です。心理学ではこれを**パブリック・コミットメント（誓約・公約の公表）**と呼んでいます。

やればできる部下なら、売上目標をチーム全体に公言させます。勉強しない子どもには「7月中に計算ドリルを終わらせる」といった目標を家族で共有。自分のダイエット目標も家族や友人に発表すればさっそく取り組むことができるでしょう。**大切なのはひとりで目標を立てるのではなく、他者に知らせること**。それによって努力し、目標達成する確率が上がるのです。

それでもやる気が起こらない場合は、**コントラスト効果**を。やる気のない人に無理難題と思える大きな目標を提示し、拒否反応を示したら本来やるべき小さな目標を提示するのです。

部下に「売上目標は１００万円だぞ」といい、「無理ですよ～」と反応が返ってきたら、「それなら50万円がんばろう。キミならできる」と伝えるのです。信頼を無にしてはいけないという気持ちにもなり、本気で取り組むという心理効果です。

公の場で約束させる

人は目標を立てても自分ひとりではなかなか達成できないもの。目標を公の場で宣言することで、努力をして達成する確率が高くなる。

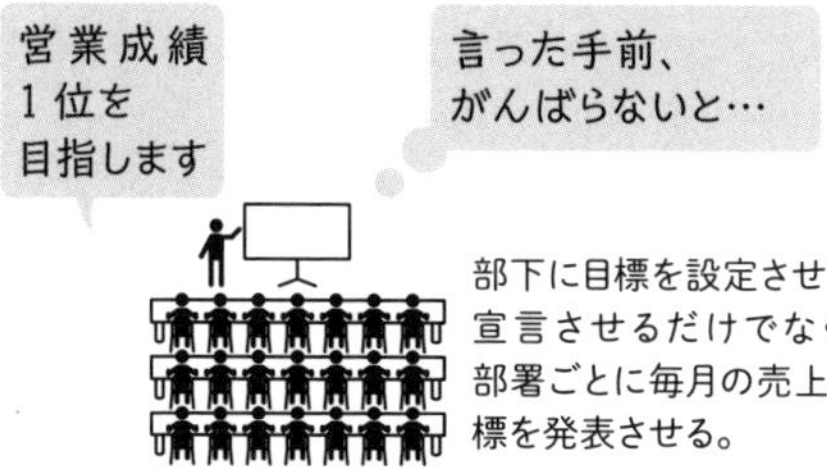

部下に目標を設定させて宣言させるだけでなく、部署ごとに毎月の売上目標を発表させる。

宣伝して達成するテクニックはビジネスだけでなく、ほかの用途にも使える。

パブリック・コミットメント
（誓約・公約の公表）

目標を大勢の前で口にすると、口にした本人は責任を自覚するようになり、目標達成のための行動力が増す。

自尊心をくすぐりやる気を出させる

組織のなかには様々な人がおり、なかにはやる気のない人もいる。そんな人にやる気を出させるには自尊心をくすぐるのがベターである。

やる気のない社員がひとりでもいると、他の社員にもやる気のなさが伝染し、仕事が滞ってしまう。

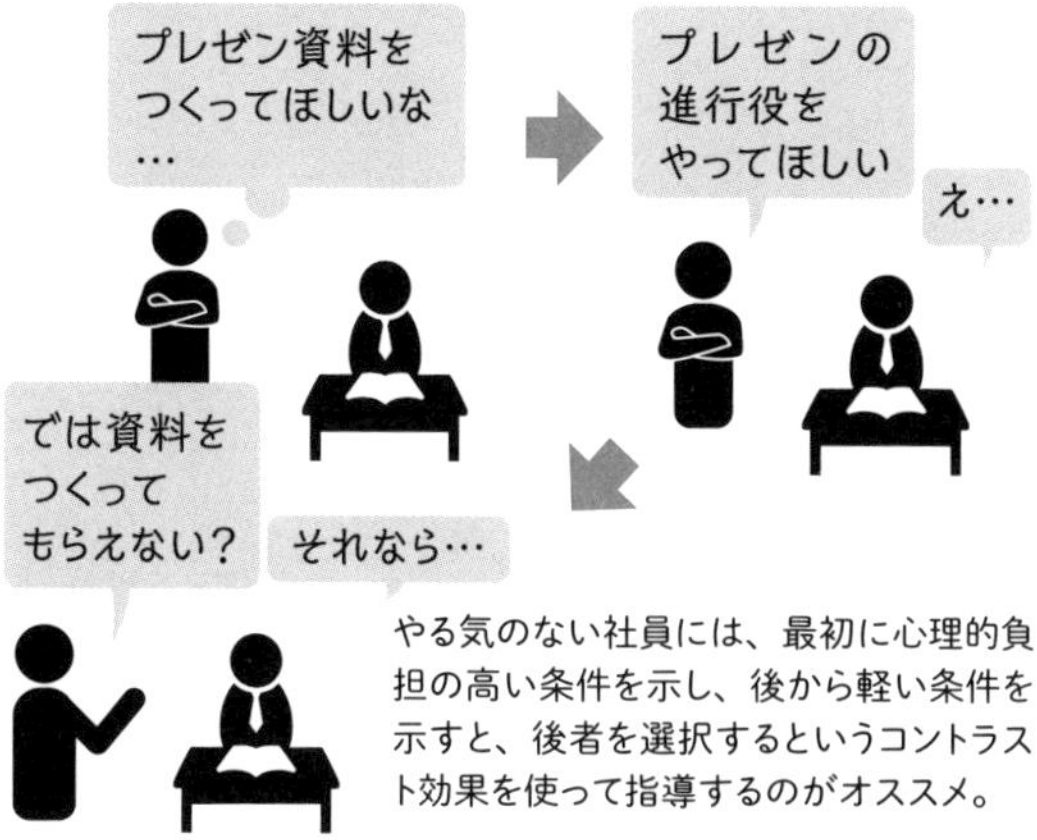

やる気のない社員には、最初に心理的負担の高い条件を示し、後から軽い条件を示すと、後者を選択するというコントラスト効果を使って指導するのがオススメ。

ほめ続けて部下の能力アップを図る

ほめられることで期待に応えようとする心理を活用

業績アップのために一丸となって……と叫んでみても、やる気を見せない部下がいるとチーム全体の士気も下がります。そんなときに繰り出すワザは、叱責《しっせき》でも排除でもありません。**部下をほめること**です。

「レポートをしっかりまとめてくれて助かった」「お客さんがキミはできる人だといっていたよ」などと、とにかく毎日ほめるという作戦です。ほめるところがなければ「今日の髪型はきまってるな」でもＯＫです

人は、お世辞だとわかっていてもほめられれば気分がよくなるものです。そして、ほめられ続けることで**自尊心が高まり**、**自分に期待し、その期待に応える自分になろう**とします。心理学ではこれを**自己成就的予言**と呼びます。

さらに、上司や仲間からほめられると、その期待にも応えようとする心理が働き、**努力してよりよい結果を生み出そう**とします。これは**ピグマリオン効果**と呼ばれ、アメリカの教育心理学者ローゼンタールが実験で証明しました。

こうした心理効果はプライベートでも活用できます。「もう少しがんばってほしいな」と思う人をほめてみましょう。

これまでとは違う成果を得られるかもしれません。ただし、わざとらしくならないように自然にほめることを忘れずに。

ほめることが一番の得策

人はほめられるといい気分になり、お世辞だとわかっていてもさらに上を目指そうという気分になる。ほめて効率を上げる術を覚えよう。

他人からほめられると、ほめられた相手に自尊心が生まれ、他人からの高評価に自分を近づけようとする。これを自己成就予言と呼ぶ。

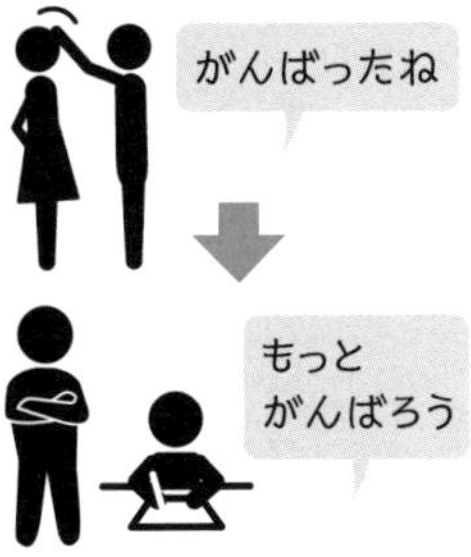

人にはエンハンシング効果と呼ばれる、他人に賞賛の言葉をかけられるとやる気が高まるという心理現象がある。

ほめてやる気が出たあとに報酬や賞罰などの外的動機づけを与えられると、士気が下がる場合があるので注意。

期待をかければ人は成果を上げる

人は期待をかけられると、成果を上げようとして努力することはアメリカの心理学者ローゼンタールが実験で証明している。ほめることが効率を上げるのである。

人は期待をかけられると、それに応えようとやる気を出し、成果を上げようとする。この心理をピグマリオン効果と呼ぶ。

他人から期待されなかったり、否定的な評価をされることによってやる気がなくなってしまう心理をゴーレム効果と呼ぶ。

しかるときはムチだけでなくアメも

しかるときは成功時の報酬を提案したり、「期待しているから言っている」というフォローを忘れないようにしよう。

交渉上手になれるトークの技術

説明が先か結論が先かで相手の同意を引き出す

人前でプレゼンしたり、顧客に営業トークをする際に、トークに自信がないと思うことでしょう。そんなときには、クライマックス法もしくはアンチ・クライマックス法という心理テクニックをオススメします。

クライマックス法とは、先に説明をしてから最後に結論を伝える手法で、アンチ・クライマックス法とは、先に結論を伝えてから説明をするという方法です。

どちらを選択するかは、交渉相手があなたのトークを積極的に聞こうとしているかどうかでです。もし、相手がプレゼン内容に興味を持ち、前向きに検討しようとしているなら、説明→結論のクライマックス法がいいでしょう。

反対に、最初からプレゼンに興味がない相手には、結論→説明のアンチ・クライマックス法でトークを進めてみてください。この方法は会議や打ち合わせでも活用できます。出席者が議事内容に賛成しそうならクライマックス法を、反対派が多ければアンチ・クライマックス法で説得するのです。

もちろん、プライベートでも活用できます。例えば、家族旅行の行き先会議のとき、あなたの提案に家族が賛成しそうならクライマックス法を、反対勢力が強そうならアンチ・クライマックス法で臨むのです。

2つの話法を使いわける

話のうまい人は2パターンの話し方を使いわけている。上手に使いわけて、相手の興味を引きつけることにより、交渉を有利に進めているのである。

この人にはこういう言い方がいいかな？

交渉上手な人は観察力や注意力が優れている。瞬時に相手の心理や場の雰囲気を読み、話し方を変えながら、相手の話も聞きつつ、自分の言いたいことも伝えている。

相手

前置きや形式にこだわる人。粘り強い人。

状況

相手がこちらの話に興味を持っている場合。例えば、面談や面接など。

こんな場合なら…

→ **クライマックス法**

相手

せわしくて合理的な考え方をする人。

状況

相手が話す内容に興味がなかったり、相手に聞く準備ができていなかったりする場合。

こんな場合なら…

→ **アンチ・クライマックス法**

話をちゃんと聞いてくれそうだ…

○○は○○です。結論ですが…

先に説明をしておいて最後に結論を持ってくるクライマックス法。相手が食いついてきたときに結論に入る。

あまり関心がなさそうだ…

結論から申しますと…

先に結論を述べておいて、その後から説明をつけていくアンチ・クライマックス法。話の入り出しから相手の興味を引く。

中途半端でやめると続きが気になる

知りたい、やりたい気持ちは未完成にして引き出す

物事をやり遂げたときには達成感や充実感を得ることができますが、あえて完成させず途中でやめるという心理テクニックがあります。

人は、未完成、未達成のものがあると気になり、早く完成させたい、達成させたいという気持ちがわいてきます。これをツァイガルニック効果と呼びます。

例えば、営業先に何度も足を運んで商品をアピールするも契約に結びつかないとき。あえて営業トークを中途半端なところで止め、「では、またご連絡します」と去るのです。こうした引きの態度を見せることにより、営業先の相手に、商品が気になる、もっと話を聞きたいという思いを呼び起こすことができるのです。

また、一日の作業をキリのいいところでやめずに、あえて中途半端なところで終了してみましょう。すると、途中でやめたことが気になり、翌日すぐに作業に取りかかることができるのです。

キリのいいところまでやり終えていると「昨日がんばったから今日は楽しよう」という怠《なま》け心が顔を出してきます。

恋愛でも、相手の連絡にすぐに返信しない、質問をあえてスルーするといった中途半端感を演出することで相手の「気になる！」気持ちを引き出すことができるので、お試しを。

達成しないことで興味を引く

人は未完成や不完全なものに対して、なんとなく心地の悪さを感じてしまうもの。この心理作用を利用すれば、人の興味を大きく引くことができる。

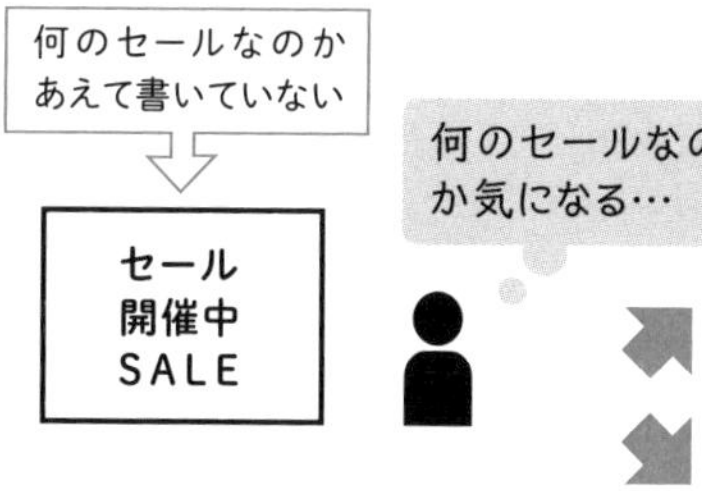
何のセールなのか
あえて書いていない
セール
開催中
SALE
何のセールなのか気になる…

続きが
気になる…
つづく

テレビドラマなどでいいところで「次回に続く」となる。途中で打ち切られた物足りなさが次回の視聴につながる。

達成できなかったことや中断・停滞している物事に強い印象や記憶を持つ心理現象（ツァイガルニック効果）を利用して、相手の興味を引くことができる。

また今度
うん

最初のデートで急接近するのではなく、短時間で切り上げてまた会う約束をした方が相手の関心が高まる。

ツァイガルニック効果の実用法

ツァイガルニック効果はビジネスシーンのさまざまな場面で活用が可能。人の心をうまく引きつけるために役立つ知識を覚えておこう。

つたない
が熱意を
感じる
よかったよ

プレゼンはうますぎるよりも、不完全だけれども熱意のこもったプレゼンのほうが相手の心をつかみ、成功する場合が多い。

ご興味が
あればまた
後日説明
に伺います
ぜひ話を

営業は押すばかりでなく、よきタイミングで引いたほうが相手の関心を引き、売りたいものに興味を持ってもらえることも。

キリが
悪いが
休憩するか
よし仕事
に戻ろう

仕事はキリの悪いところで切り上げて休憩したほうが、完結していない仕事が気になり、短時間で仕事に戻ることができる。

サボりを防止する人員構成とは？

人数が多いほど手を抜く人間の心理を理解する

多忙を極めるプロジェクトは、スタッフを増員して効率的に作業を進めたいものですが、人数を増やすほど、ひとりひとりが発揮するパワーは減少するということがわかっています。

これは、ドイツの**心理学者リンゲルマンがおこなった実験によって証明され、リンゲルマン効果**と呼ばれています。リンゲルマンの実験は綱引きでおこなわれました。

1対1、2対2、3対3、8対8という構成で綱引きをしたところ、人数が増えるほどにひとりひとりが発揮する力が減ることがわかったのです。そう、人は、**集団の人数が多くなればなるほど、働かなくなる、行動しなくなる**ということ。つまり、やみくもに人数を増やしても意味がありません。無意識のうちに「自分がやらなくても誰かがやるだろう」という気持ちが生じてしまうのです。

全員のパワーを集結させるなら、**少人数のグループを構成し、グループごとに作業分担**する方法が正解。少人数で働くことで責任感が生まれ、サボりや怠慢を防止にもつながります。

大都会の街中で人が倒れても誰も手助けしないけれど、人の少ない地域では誰かがすぐに手を差し伸べるという現象も心理学では解明されています。その場の人数が少ないほど「自分が何とかしなくては」という意識が働くのです。

人が多いと人間はサボる

大きな仕事は、携わる人が多いほうがいいと考えがちですが、人数が多ければ多いほどサボる人が増えて、がんばるのはいつも同じ人という構図が生まれる。

大丈夫
ですか？
人数が
多いと…
誰かが助けるだろ…
傍観者効果
他者に対して援助すべき状況でもその場にいる人の数が多いほど、行動が抑制されてしまう心理現象。
これだけいるし、
ちょっと手抜き
しても…
リンゲルマン効果
集団になればなるほど、「自分ががんばらなくても誰かがやってくれるはず」という意識が働き、発揮される力が弱くなる。
解決する
には…
A 班の班長は A さんに
グループを少人数にして責任の所在を明らかにすると、人は効率よく働く。

課題を与えてからメンバーにする

集団への帰属意識が低い人をメンバーに加えると、自分の都合で仕事を放り出してしまうことも。防ぐ方法は、入会条件を課すことである。

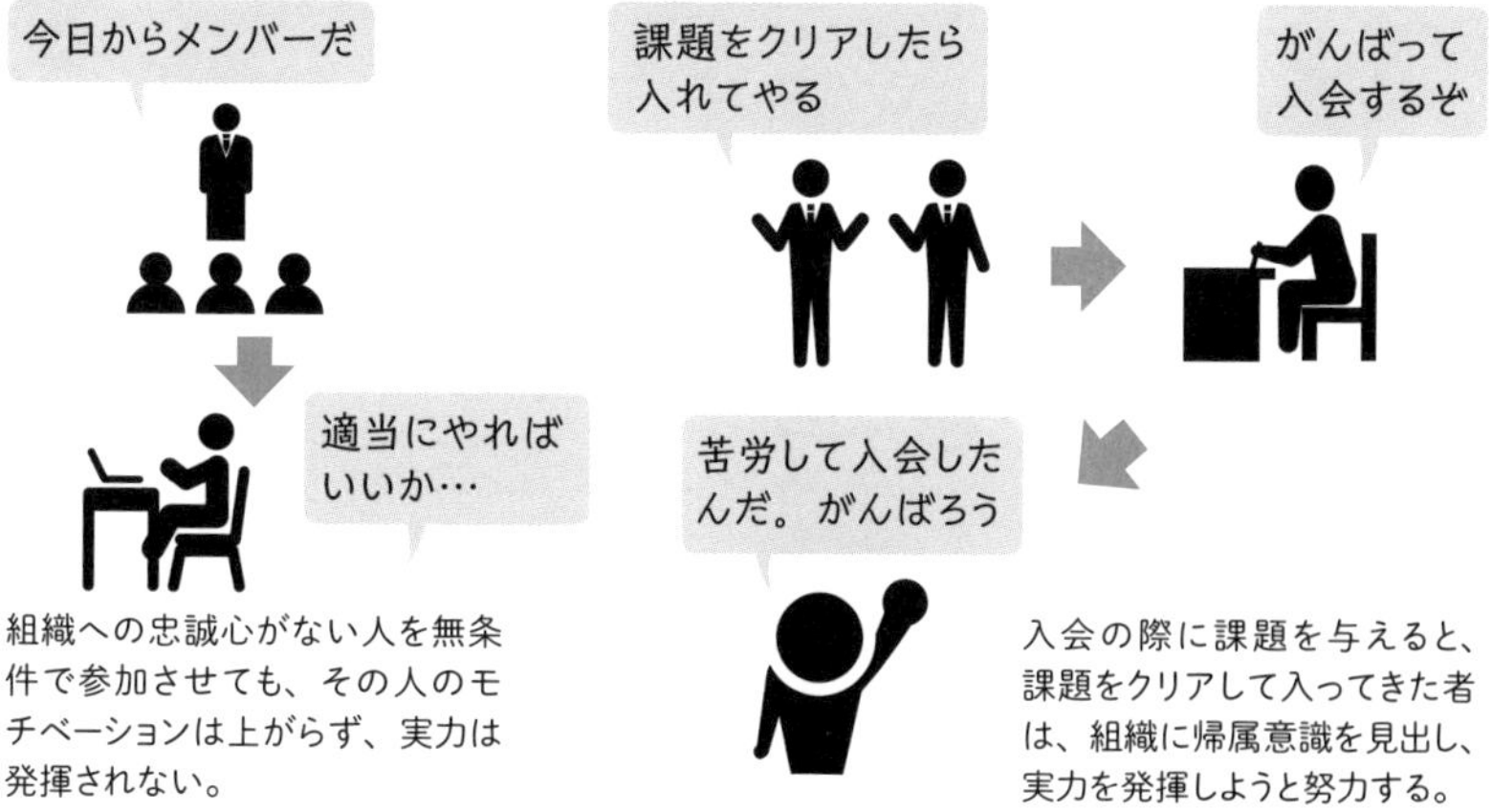
今日からメンバーだ
適当にやれば
いいか…
組織への忠誠心がない人を無条件で参加させても、その人のモチベーションは上がらず、実力は発揮されない。
課題をクリアしたら
入れてやる
がんばって
入会するぞ
苦労して入会した
んだ。がんばろう
入会の際に課題を与えると、課題をクリアして入ってきた者は、組織に帰属意識を見出し、実力を発揮しようと努力する。

しかり方で判断される上司の人格

座って向き合って話せば部下の信頼を得られる

上司にガツンとしかられた経験もあるでしょう。そのとき、上司はどのような態度であなたをしかっていたか、思い出してみてください。しかり方から人格を見抜けます。

もし、あなたを立たせ自分はどっかりと座ったままでしかっていたら、**その上司は地位に溺《おぼ》れ、あなたを仕事仲間と思っていなかった**可能性があります。

逆に、あなたを座らせて自分は立って見下ろしながらガミガミいっていた場合、**権威主義で上下関係にこだわり、部下の手柄を横取りするタイプ**だったかもしれません。

もし今、あなたが部下をしかる立場になっていたら、ぜひ**お互いに椅子に座って向き合ってみてください**。こうすることであなたは、自信に満ちているけれど地位や権威に溺れることなく、部下を仕事仲間として大事にし、トラブルが起きたときにもみんなを守る人格者として部下の目に映ります。また、声にも気をつけたいものです。

心理学では、大声でしかる人は「話を聞け！」と強制する反面、その裏に気の小ささが隠れていると考え、ぼそぼそとした小声はしかっている自分に自信がないと考えます。**最適な声は低めの落ち着いたトーン**です。この声で諭せば、部下の信頼を得られるでしょう。

しかり方で上司のタイプがわかる

しかる際の部下に対する態度を見れば、上司がどんなタイプかは判別がつく。上司が有能か否かはしかり方で見極めよう。

①自分の席に呼びつけてしかる上司

自分の席に呼びつけてしかるのは、権威主義の表れ。反対に部下の席まで来る上司は、自分に自信を持っている場合が多い。

②立ってしかる上司（部下は座らせる）

部下を見下ろしてしかる姿勢からもわかるように、目上の人には媚びるが、目下に対しては強気に出る権威主義者である場合が多い。

③一緒に座ってしかる上司

上司と部下という境目をつくることなく、ともに働く仲間として見ていることの表れ。地位にこだわらない上司である場合が多い。

④座りながらしかる上司（部下は立たせる）

自分の存在を絶対視し、部下のことを仲間とも思っていない、話が長く小言の多い嫌なタイプである場合が多い。

しかり声としかり方をチェック

しかるときの声の大きさや言葉のチョイスも上司の性格を表している。どんなタイプかを見極めるのに役立てよう。

①大声でしかる

必要以上に大声でしかる人は自分のことを認めてもらいたいという願望が強く、その反面、話している内容に関しては自信がない場合が多い。

②小さい声でしかる

ボソボソと小声でしかる人は、自信がなく、人づきあいがわずらわしいと思っているか、人への警戒心が強いタイプである可能性が高い。

③場合によって声の大きさが変わる

部下をしかるときは大声だが、上司の前では猫なで声。こんなタイプは目下の人間に無礼に接し、ストレスを発散しようとしている可能性がある。

④「みんな言っている」が口癖

ほぼ自分だけの意見だが、それを論理だてて説明できないので、架空の「みんな」をでっちあげて説得しようとしている場合が多い。

COLUMN

心理テスト② (46ページ)

「上司が見ている?」の答え

この心理テストでは、「セルフ・モニタリング」にもとづいて、あなたの孤独感がわかります。セルフ・モニタリングとは、自分の行動や他人に与えている印象を客観的に観察・評価すること。この傾向が強い人は他人からの見られ方を気にする人、弱い人は自分がどう感じるかという点が大切な人です。

A あなたの孤独感 60%

あなたは上司の行動に関心を持っています。それは適切なセルフ・モニタリングがなされている証拠。ところが、「自分と関係ない」と思っているので、やや孤独感があります。

B あなたの孤独感 40%

集団のなかで気配りを意識する、セルフ・モニタリングの傾向が強い人。他人の言動は自分に関係があると考えてしまうので、孤独感は低そうです。

C あなたの孤独感 80%

セルフ・モニタリングの傾向が強い人ですが、他人の言動に自分の関わりはないと考えるタイプ。ですので、孤独感は高いほうです。

D あなたの孤独感 20%

セルフ・モニタリングの傾向が弱く、他人の言動は気にならない人です。自分のやりたいことを重要視する、孤独感の低い人です。

PART 4

気になるあの人の気持ちをつかむ恋愛テクニック

しぐさを真似て恋心を呼び起こす

ミラーリング、同調行動で親密な関係を築いていく

思いを寄せる相手の心を引きつけたいときは、**その人のしぐさを真似てみましょう。**

例えば、相手がにっこりと笑ったら、あなたも笑顔をつくってみるのです。ふたりで食事をしているとき、相手が飲み物を手にしたら、あなたもグラスを持ってみましょう。うなずくタイミングも合わせてみます。

このように、相手のしぐさに自分の行動を合わせることを心理学では**ミラーリング効果、同調行動と呼び、ノンバーバル（非言語）・コミュニケーションのひとつ**とされています。

人は、無意識に好意を持った相手の行動を真似るもの。そして、自分と同じ行動をする相手には好意を抱き、さらに、相手も自分に興味や関心があるのだと感じとると考えられているのです。

この心理効果を熟知したうえで相手を真似ることができたら、お互いの気持ちが近くなることは間違いなし。会話でも「これ、おいしい！」という相手の言葉に「うん、おいしいね」と同意したり、相手の話に「僕も同じように思っていた」と理解を示したりすれば、あなたの思いをスマートに表現できるのです。

ポイントは、あくまでもさりげなく真似をすること。わざとらしさが際立ってしまっては「ちょっとヘンな人？」と思われて逆効果です。

しぐさを真似されると親近感がわく

相手に感じがいいと思わせるには、相手の行動を真似ること。さりげなく真似をして接しやすさを演出し、相手の心をつかもう。

ミラーリング効果

親しい人と話していると き、互いに意識することなく、表情やしぐさなどが一致してしまうこと。嫌いな相手との間では起こりにくい。

同じしぐさだ。しめしめ

プレゼン中などに参加者が自分と同じしぐさをしていたら、相手はあなたの提案に乗ってきてくれているサイン。相手を観察しながら話そう。

同じポーズをしてみよう

話している相手のしぐさや表情をさりげなく真似てみると、ミラーリング効果により相手の好意を引き寄せることができる。

真似されてる！

注意

あくまでさりげなく。真似をされていることを相手が気づくと、不快感を持たれ逆効果。むやみに真似しすぎるのもNG。

人はまわりに迎合する

人は集団のなかでは、無意識か意識的かを問わず、周囲に合わせることで逸脱しないようにする。心理学でいう「同調行動」である。

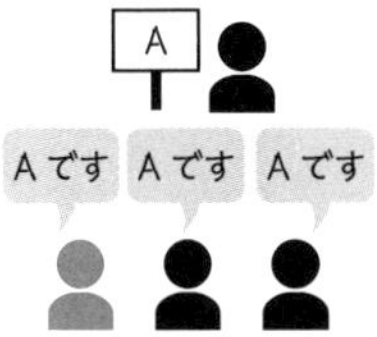
A
Aです
Aです
Aです

心理学者アッシュの実験によると、公の場で集団に簡単な質問を出したとき、サクラの被験者全員が正解を答えると、被験者は正解を答えた。

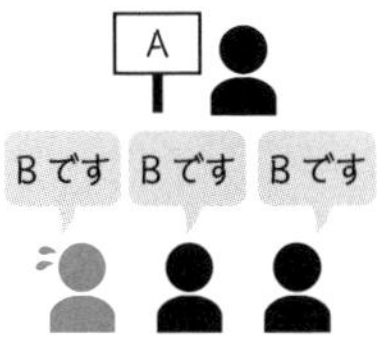
A
Bです
Bです
Bです

ほかのサクラの被験者が全員間違った答えをしたとき、被験者も同じように間違った答えをした。こうした同調行動を「斉一性《せいいっせい》の圧力」と呼ぶ。

同調行動の例

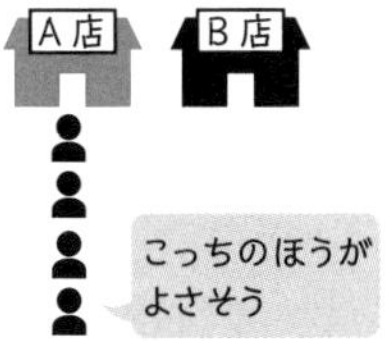
A店
B店
こっちのほうがよさそう

とくにグルメではないのに行列ができるほうの人気店に並んでしまう。

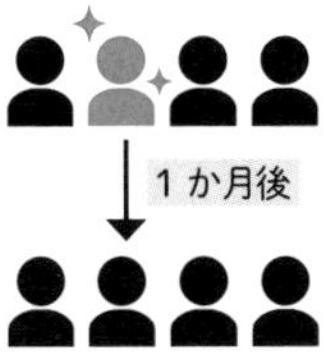
1か月後

ひとりだけ派手だった新入社員が1か月後、同期と似た見た目になっている。

ダメ出ししてほめる恋愛の裏ワザ

好意度の最高値を狙う じらしテクニック活用術

素敵だなと思っている相手に気持ちを伝えるために、その人をほめたたえることは恋愛の正攻法です。ほめられるのは誰にとってもうれしいことであり、評価してくれているという安心感はあなたへの好意にもつながります。

しかし、相手によってはこうした正面からのアプローチが響かない場合があります。そんなときに効果的なのは、**ダメ出しして相手を落ち込ませてからほめて持ち上げるという心理テクニック**です。

例えば、「今日の服のコーディネートはイマイチじゃない？」などとダメ出ししてから、「でも、いつも誰よりもおしゃれだなと思っているんだよ」と称賛するという作戦です。

これは、アメリカの社会心理学者アロンソンとリンダーによる**「好意の獲得・損失効果」**の実験で証明されました。

実験は、被験者の女性とサクラを一対一で会話させ、女性に対して、①ほめてからダメ出し、②ダメ出ししてほめる、③ほめ続ける、④ダメ出しし続ける、の4パターンで検証しました。

その結果、女性のサクラへの好意度がもっとも高まったのは②で、次いで③、④、①という順でした。がっかりさせたあとに投げかける気持ちアップのひと言は、あなたを印象づける最強のスパイスとなるのです。

あえてけなして、持ち上げる

好意を抱いている相手を自分のほうにふりむかせたいとき、お世辞などを言って気を引こうとするのは有効な手段。でも、そのやり方であまり効果を感じられないときは、けなしてからほめるのがよい。

明日
遊ばない？
いいよ
明日
遊ばない？
明日は予定
が……
あなたの頼みなら
予定ずらそうかな……
ほんと！？

人から誘われたとき、一度断ってから受け入れるほうがいい。「あなたの頼みなら」と特別扱いしてくれたことで、自分の価値を認めてくれる人に好意を抱く特定化の心理効果も働き、相手の喜びは倍増する。

アロンソンとリンダーの好意の獲得・損失効果の実験

あなたの魅力
を評価します

心理学者のアロンソンとリンダーが、どのようなほめ方が好意を持たれるかを調べた実験。サクラの人が被験者の女子学生に４つの態度をとってみた。

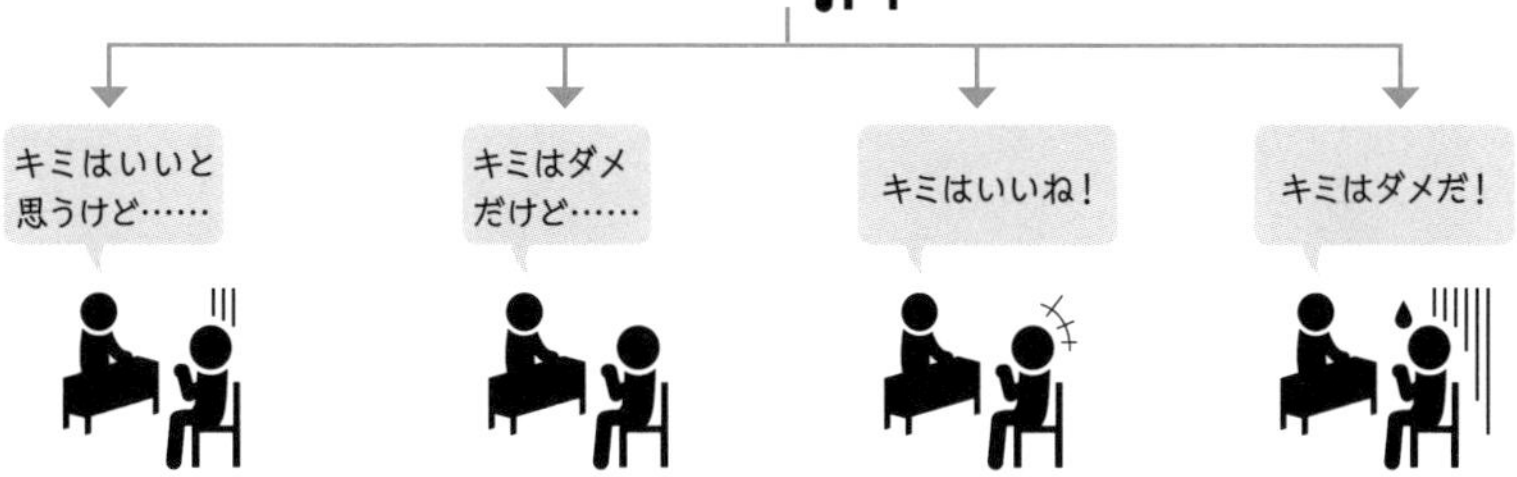
キミはいいと
思うけど……
キミはダメ
だけど……
キミはいいね！
キミはダメだ！

①相手を一旦ほめ、
そのあとでけなす
最初はよい評価を下したが、徐々に否定を強めていった。

②相手を一旦けなし、
そのあとほめる
最初は否定したが、徐々によい評価を下していった。

③ずっと
ほめ続ける
最初から最後までよい評価を与え、悪いことは一切言わなかった。

④ずっと相手を
けなし続ける
最初から最後まで一貫して悪い評価を与え、フォローもしなかった。

結果

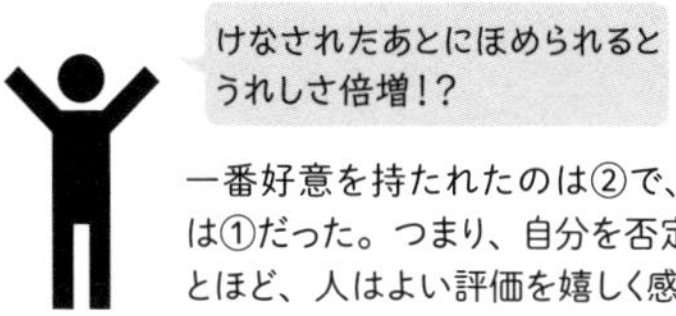
けなされたあとにほめられると
うれしさ倍増！？

一番好意を持たれたのは②で、もっとも嫌われたのは①だった。つまり、自分を否定する言葉を聞いたあとほど、人はよい評価を嬉しく感じる。

頼みごとから生まれる恋の可能性

好きじゃないのに助けたという心の矛盾を解消

気になる人の心をこちらに向かせたいと思うなら、**その人に頼みごとをするという心理テクニック**の活用を。

「取引先への贈り物を一緒に選んでもらえないかな」といった些《さ》細《さい》な頼みごとを投げかけてみるのです。「いいですよ、まかせてください！」という反応があれば、そこからの展開には期待していいでしょう。

なぜなら、**人には、頼みごとをしてきた相手、助けてあげた相手に対して好意を抱くという心理が潜んでいる**からなのです。

元来、人間は、好きな人や大切な人に対して手助けをするもので、好きではない人にはそういった行動はとりません。そのため、好きではない人に対して手助けやサポートをしてしまうと、心と行動に矛盾が生まれます。

そして、その矛盾を消し去るために「私はこの人が好きだから手助けしたんだ」と、自分を納得させようとするのです。

これは、アメリカの心理学者ジェッカーとランディによって証明され、**心理的な矛盾を消し去ろうとする作用を認知的不協和理論**と呼んでいます。

映画やドラマでも、嫌いだった人を助けたことから恋がはじまるというストーリーはよくあります。心理学的には理にかなっているのです。

頼みごとは相手に好かれる近道

人を助けると、助けた人を好きになることは、心理学者のジェッカーとランディが実験で証明している。この心理現象を利用すれば、相手の好意を引き寄せることが可能である。

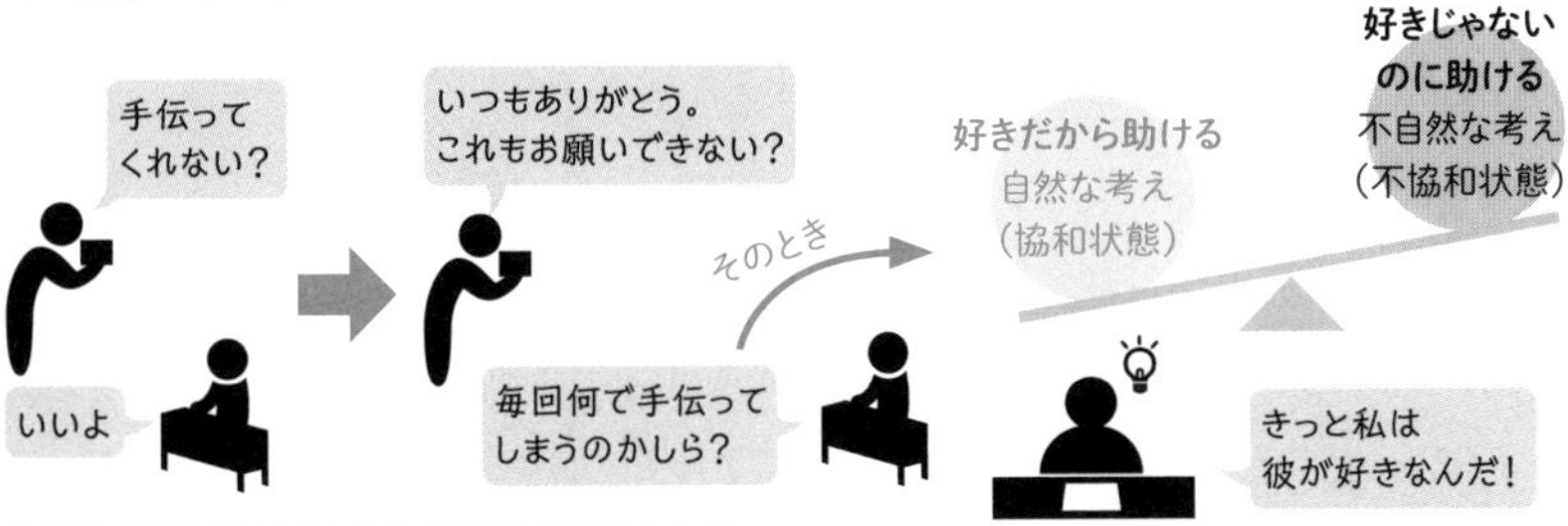

物事を円滑に進めるためには仲間を増やしたほうが何かと便利。気に入られたい相手がいるならばためらわず上手に頼みごとをしてみよう。

嫌いだったら助けるわけがない、好きだから助けたのだと自分のなかの矛盾を解消しようとする心理作用（認知的不協和理論）が働き、相手は頼みごとをした人に好意を持つ。

断りにくいお願いから親密に

心理学者のレヴィンガーは、面識のなかったふたりがあるきっかけから親密になっていく過程を4段階にわけている。相手に断りにくい頼みごとをして、きっかけをつくるところからはじめよう。

仲よくなりたい相手との偶然の出会いを装い、お茶に誘う。まず断りにくいお願いからはじめ、小さいお願いを積み重ねて相手を断れない気持ちにしていくのがポイント。

お願いを積み重ねれば関係は変化する

①相互未知段階
お互いが赤の他人の状態。

②一方的認知段階
片方だけが相手を知っている状態。

③表面的接触段階
挨拶など顔見知り程度の状態。

④相互的接触段階
知人段階の低相互作用、友人段階の中相互作用、親友や恋人段階の高相互作用の状態にわかれる。

デートの時間帯は夕方以降が鉄則

暗い場所なら心を許せる そんな揺れ動きを察知する

好意を寄せている相手と食事に行くなら、ランチよりディナーがオススメ。なぜなら、人は夕方以降になると心身のバランスに揺らぎが生じてくるからです。

人の心と体は、ボディタイムと呼ばれる自然のリズムに支配されていて、太陽が出ている時間帯には活動的になります。しかし、夜が近づいてくると一日の疲れが表れ、心身も不安定な状態になるのです。

日中は元気に過ごしていたのに、夕方になったら急に寂しくなったり、人恋しくなったり……という経験は誰もがしているのではないでしょうか。

また、人間は暗闇のなかでは羞恥《しゅうち》心や道徳心といった自分をコントロールする感情が希薄になるともいわれています。

アメリカの心理学者ガーゲンは、明るい密室と暗い密室に見知らぬ男女数名を同席させるという実験で、暗い密室の男女は短時間のうちに触れ合ったり抱き合ったりすることを実証しました。この結果からも、恋愛感情が生まれる確率は、日中より夜、明るい場所より暗い場所のほうが高いことが明らかなのです。

ふたりの距離を縮めたい、より親密になりたいと願うなら、デートのタイムスケジュールは夕方以降に設定することが大切です。

口説きのベストタイムは夕方以降

人間は認知・発見、思考・判断能力などの活動能力全般が夕方以降に著しく低下し、不安定になるといわれている。

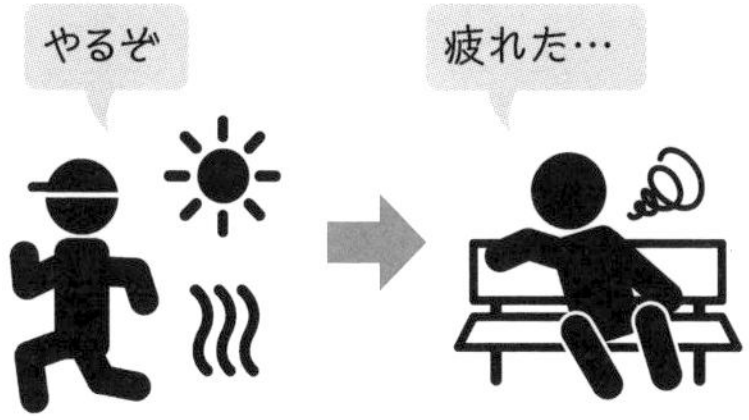
やるぞ
疲れた…

人間には心と体を支配する自然のリズム（ボディタイム）がある。ボディタイムは朝～昼までは安定しているが、夕方以降は心身ともに疲れが出て、不調をきたしやすい。

ボディタイムが不調になる夕方以降は、統計によると、交通事故の発生件数がもっとも多い。それだけ判断力が低下している証拠といえる。

人は夜になると大胆になる

暗闇には恥ずかしさを取り去る効果がある。心理学者のガーゲンは、暗闇のなかで人がどのような行動をとるかを実験によって明らかにしている。

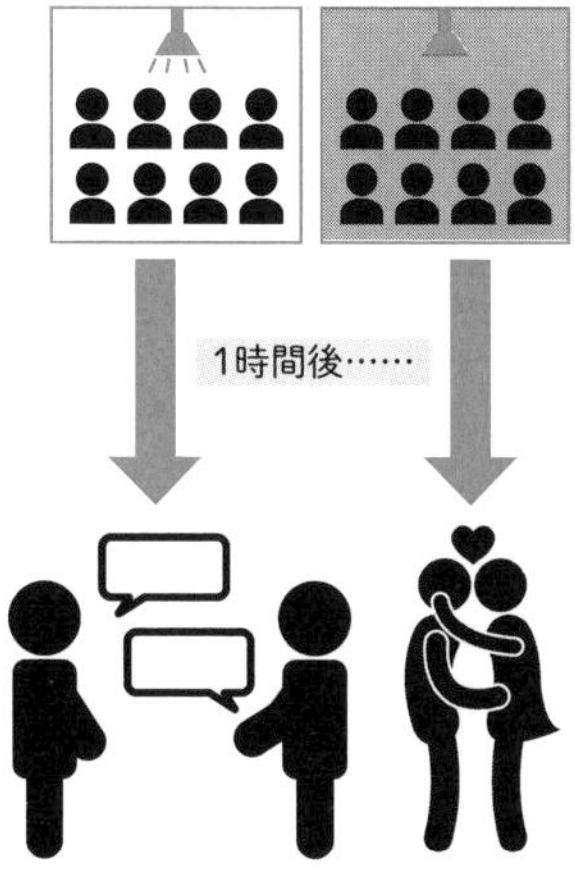
1時間後……

ガーゲンの「暗室での男女の行動」の実験。男女8人を2組にわけ、明るい部屋と暗い部屋に閉じ込める。

明るい部屋の男女は雑談を交わしていたが、暗い部屋の男女は中央に移動し、触れ合ったり抱き合ったりしていた。

何だか
素敵かも…
しめしめ

人は暗闇のなかでは普段、自分を抑制していた道徳観や常識、羞恥心から解放され、欲望をさらけ出すことに抵抗がなくなる。意中の人と親密になりたい人は、夕方以降にデートするのがオススメだ。

マメさはモテる男性の必須条件

好意を寄せてくれた人に好意を抱く心理学セオリー

背の高さやルックスのよさがモテる条件だったのは若い頃の話。人生を積み重ねてきた男性のモテる条件は、外見ではありません。では、何か。それは、「マメさ」です。

メールやラインでの連絡は欠かさず、返信は素早く。誕生日や記念日を忘れない。好きなものや好物を覚えている。こうしたマメさを身につけている大人の男性は、外見はどうであれ、間違いなくモテています。

マメさの有効性は、心理学でも実証されているのです。マメな男性は相手に対してまっすぐに好意を伝えています。人間には、好意を寄せてくれた相手には好意を抱くという心理が存在し、好意の返報性と呼ばれます。

そして、コミュニケーションを重ねるほどに好感度は高まっていくのです。「釣った魚にエサはやらない」と威張っている男性をよく見かけますが、エサをもらえない魚ははたして幸せでしょうか？

愛情という名の栄養を、コミュニケーションという名のツールで供給し続けるからこそ、そこに暮らす魚は幸せを実感できるのです。今こそ自分のマメさを見つめ直してみることをオススメします。ただし、ストーカーと誤解されないように。相手が嫌がっているようであれば、いさぎよく身を引くことも大切です。

まずは相手の自己是認欲求を満たす

人はみんな、誰かに高く評価されたがっている。その心理をうまく利用すれば、外見的に劣っていても意中の相手の気を引くことは難しくない。

敵わない…

人には持って生まれた才能や資質があり、それは努力ではどうにもならない場合がある。だが、気配りは努力次第でできる。

好きです

まず、自分のほうから相手に対して好意があることを示す。すると、本当に嫌でない限り、相手はあなたに何らかの好意を持つ。これを「好意の返報性」という。

この人
いいかも…

その後、たびたび連絡をとって、会う回数を増やしていく。回数を重ねるごとにあなたへの好感度は上がる。これを「熟知性の原理」という。

人には男女問わず、自分を高く評価してもらいたいという欲求（自己是認欲求）があり、何度も会って相手をほめたり、好意を伝えたりすることで、これが満たされる。

今日もかわいいね

マメさを発揮するときはタイミングと距離感を間違えないこと。下手にやると、単なるうっとうしい勘違い男になってしまうのでご注意。

うざい！

マメな行動でモテをゲット

意中の相手に好かれたいと思ったらまずはコツコツと気配りができる人になればいい。マメな行動をさりげなく実行して相手のハートを射止めよう。

定期的なメール

記念日などを祝う

似合ってるよ
髪型の変化などをほめる

行きたかった店！
食べ物の好みを把握したうえでお店を選ぶ

荷物などを持ってあげる

車道側を歩く

運命の出会いを演出して心をつかむ

共通点とマッチング理論を活用して関係性を深める

女性の気持ちをぐっと自分に引きつけるには、ふたりは出会う運命だったと思わせることがポイントです。そのために有効な方法は、ふたりには**数多くの共通点があることを積極的にアピール**することです。

好きな音楽や映画が同じ、出身地が近い、どんなことでもいいのです。女性は、「この人とは考え方や価値観が似ている！　わかり合えるに違いない！」と実感することで、「これは運命の出会いかも」と強く認識するのです。

運命を察知する感性は、男性より女性のほうが勝っているといわれています。

また、人間は自分と釣り合っている人に恋愛感情を抱くといわれています。見かけ、性格、価値観、趣味などが自分と同レベルの人を無意識のうちに求め、パートナーとして選択するのです。

これを心理学では**マッチング理論**と呼んでいます。この理論を活用するなら、**恋愛対象はやはり自分との共通点が多い人がベスト**。高嶺《たかね》の花といわれる美貌《びぼう》の持ち主や、手が届かないほどの地位にいる女性に思いを寄せても、心理学の見地からいえば負け戦《いくさ》となる可能性は大きいといえるのです。

傷心のリスクをはらむ恋愛に身を投じるかどうか、今一度、自分の心と相談を。

どうすれば運命の人になれる?

人は共感する要素が多ければ多いほど、相手を運命の人だと思いがちである。運命の相手になるためには、身近にあるチャンスを活かすことが大切である。

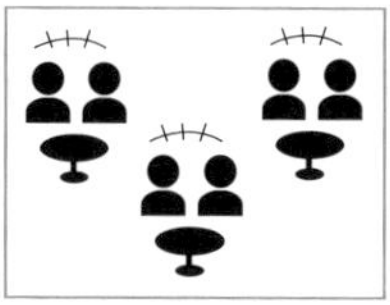

初対面の男女が集まる場では、いいなと思う人がいたら必ず近くに座る。なぜなら、人はまず近くにいるもの同士で仲よくなるから。これを近接の要因という。

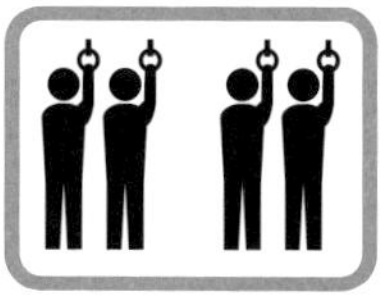

気になる相手と電車を同じにしてみるのもあり。毎朝電車で会う名前の知らない顔見知り（ファミリア・ストレンジャー）は互いに興味を持っていることが多く、何かのきっかけで話せば、運命を感じてしまうかも。

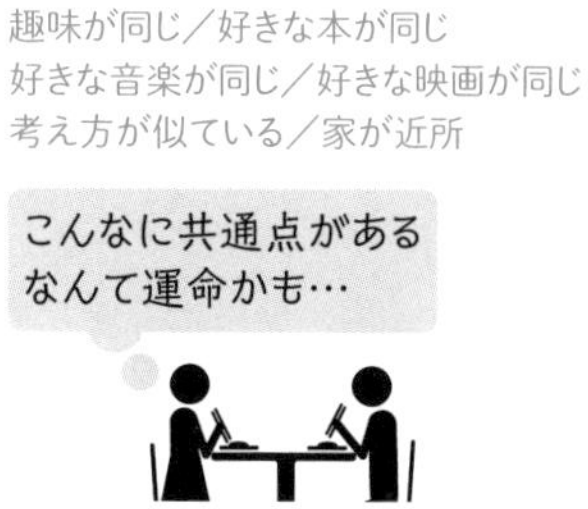
趣味が同じ／好きな本が同じ
好きな音楽が同じ／好きな映画が同じ
考え方が似ている／家が近所
こんなに共通点があるなんて運命かも…

相手に好かれるにはまず相手と自分の共通点を見つけてアピールすること。共通点が多ければ多いほど相手はあなたを運命の相手だと思い込んでしまうはずである。

人は自分との釣り合いを求める

人は自分と釣り合いのとれる相手を選んでしまうもの。見かけだけでなく、性格や価値観、趣味など、似通った要素のある相手を求めている。

通行人の多い場所に人を立たせて、そばを通る通行人の行動を観察する実験をおこなった。立っている人は４通り。①はひとりの男性、②はひとりの女性、③ふたりの男性、④は男女である。

結果、通行人がもっとも近くを通ったのは②、次が①、その次が③、最後が④だった。とくに通行人が距離を置いて歩いたのは立っている女性が極めて美人だった場合。人は自分とかけ離れて優れたものを敬遠する傾向がある。

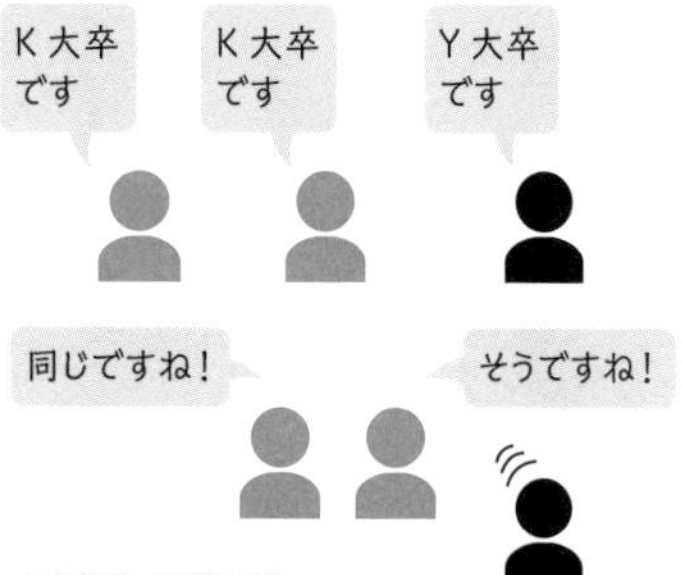
K大卒です
K大卒です
Y大卒です
同じですね！
そうですね！

マッチング理論

人は自分に似通った外見や身体的魅力を備えた異性に好感を持つ。

親密度は座る位置で見極める

心理学を上手に活用して人間関係に溝をつくらない

人間関係において大切なのは親密度。恋愛のみならず、家庭でも、仕事でも、友人関係でも相手があなたにどれくらいの親密度を抱いているかを見分ける方法を紹介しましょう。

テーブルにふたりで座るとき、相手はどの位置を選ぶでしょうか。あなたに対してテーブルの角を挟《はさ》んで90度の位置に座ったら、好意を抱いていると考えられます。

また、隣に座った場合も親密度が高い証拠。恋愛感情があったり、一緒に仕事をしたい・食事をしたいと思っていたりするはず。真正面はベーシックなパターンですが、場合によっては対立や競争の心理が潜んでいる可能性も。また、斜め前は、あなたに対して無関心、不満、怒りといったマイナス感情がありそうです。

人と人の親密度は、時間の経過によって変化していくものですが、**男性はその変化に気づきにくいうえに半永久的に変わらないと思いがち**。結婚したとたんに愛情表現が減る男性が多いのもこの心理によるものですが、これでは親密度は低下の一途をたどり、溝ができてしまいます。さらに残念なことに、その溝は埋めることができません。

そう、**大切なのは**、**溝ができる前に親密度の微調整を図ること**。心理学を活用してよい人間関係を築いていきましょう。

選んだ席で好感度がわかる

人の深層心理というものは何気ない行動に表れてくるもの。相手の行動をつぶさに観察すれば、相手の心理状態を推測することができる。

ふたりで話すとき
相手はどこに座るか?

①90度の位置に座る
相手はあなたに対して親近感を抱いており、リラックスした状態で話をしたいと思っている。

②隣に座る
異性ならあなたに好意を持っている可能性も。同性なら協力して何かをしたいという意思を感じる。

③真正面に座る
議論を闘わせたり、対立したりするときのポジション。あなたに対して敵対心を抱いているかも。

④斜め前に座る
別々の作業をするときの座り方で、相手の心は遠いと考えたほうがいい。

どの席を選ぶかで性格もわかる

ビジネスやプライベートの待ち合わせで喫茶店などに立ち寄った際、どの席に座るかでその人の性格や考え方の傾向を読み取ることができる。

①店のなかほどの席を選ぶ
自己顕示欲が強いタイプ。自分本位で他人に関心を持たない可能性が高い。

②奥の席に座る
優柔不断タイプ。あまり人と関わりたくないと思っており、人目につかないことを好む傾向にある。

③壁際の席で
壁に向かって座る
人目につかない場所でできるだけそっとしていてほしいと考える、もっとも内向的なタイプ。

④壁際の席で壁を背に座る
なるべく人と関わりたくないが、全体の様子は知っておきたいと考える支配的な傾向のあるタイプ。

イライラを受容して信頼感アップ

ひたすら話を聞くことでストレスからの解放を

女性がイライラしていたり、悩みを抱えていたりしているとき、あなたはイライラの原因を問い詰めますか？　悩みを解決する方法を論じますか？

どの行動もＮＧです。この状況ですべきことは、**とにかく女性の話を聞くこと**です。言いたいことがあったとしてもぐっとこらえ、**ひたすら聞き上手に徹することが正解**なのです。

人は、自分の身にストレスが降りかかると、他人に話すことで重圧を軽減しようとします。とくに女性はその傾向が強いと考えられています。心理学においては、こうしたストレス軽減方法を「**おしゃべり療法**」と呼んでいます。

おしゃべり療法の効果を最大限に発揮するためのセオリーは、聞く側は「そんなことがあったんだね。大変だったね」「つらい気持ち、わかるよ」と、**とにかく受容し、共感すること**。まちがっても、「キミが悪いんじゃないの？」「その考えは違うと思うよ」などと否定したり非難したりしてはいけません。たとえそれが正論だったとしても、です。

女性は、ひたすら話を聞いてくれたあなたに対して**安心感を抱くようになり**、**それはやがて信頼感にもつながっていく**でしょう。アドバイスをするなら、女性の心が落ち着いているときにやさしく伝える方法がオススメです。

男と女は問題の解決方法が違う

異性と話していてどうも会話がかみ合わないということはよくある。それは気が合わないということではなく、会話の目的が違うからである。

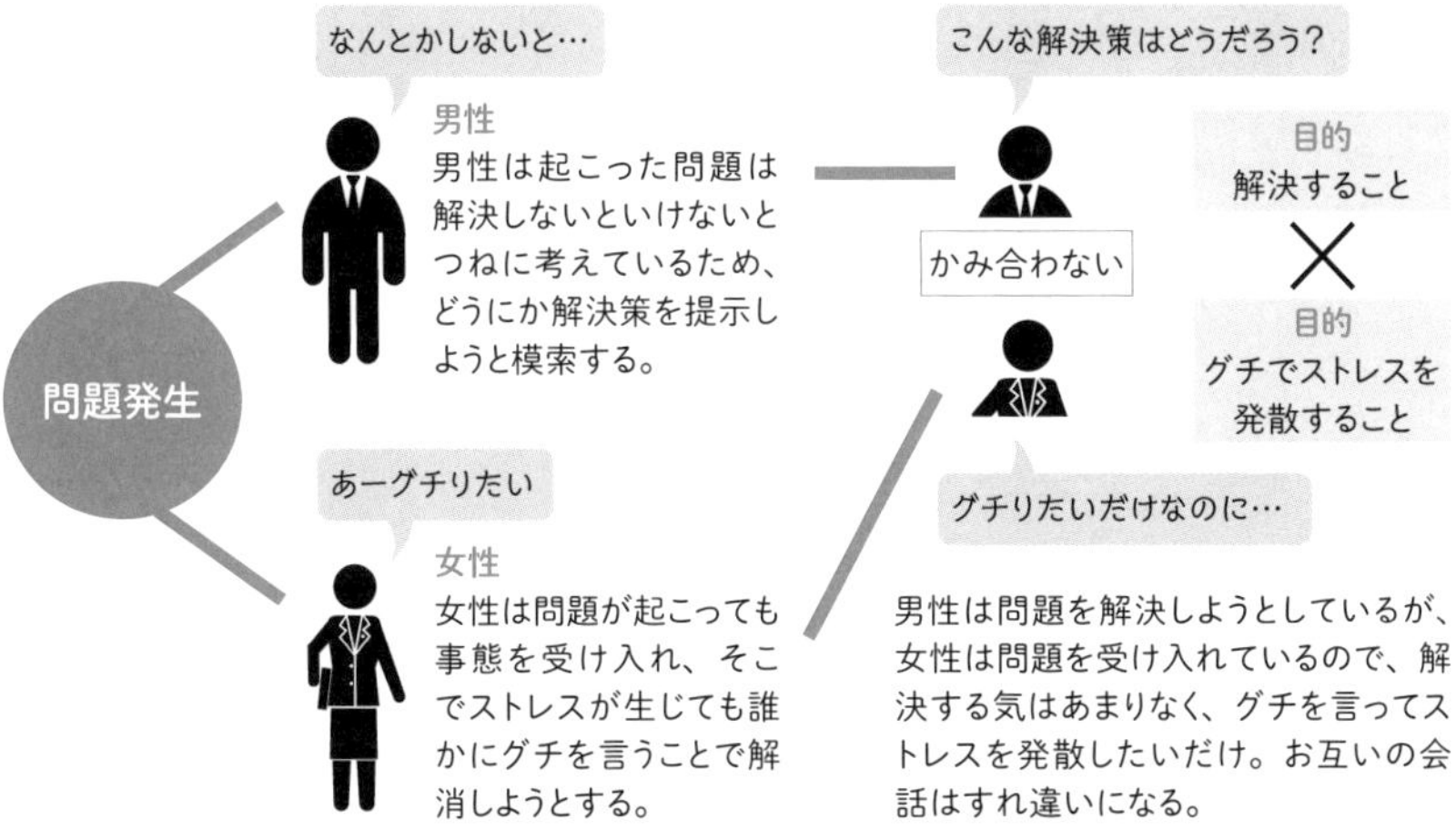
問題発生
なんとかしないと…
男性
男性は起こった問題は解決しないといけないとつねに考えているため、どうにか解決策を提示しようと模索する。
あーグチりたい
女性
女性は問題が起こっても事態を受け入れ、そこでストレスが生じても誰かにグチを言うことで解消しようとする。
こんな解決策はどうだろう？
かみ合わない
グチりたいだけなのに…
目的
解決すること
目的
グチでストレスを発散すること
男性は問題を解決しようとしているが、女性は問題を受け入れているので、解決する気はあまりなく、グチを言ってストレスを発散したいだけ。お互いの会話はすれ違いになる。

ぐっとこらえて聞き上手に

男女は性質が違うため、問題解決の際の方法も違う。的確なアドバイスがすべてと思っている方は要注意である。

女
うるさい！
男
アドバイスしようとしただけなのに……
アドバイスしたいけど、我慢我慢
うん、うん
女
どうやったら解決できると思う？
男
よし

悩みを抱えていたり、怒ったりしてイライラしている女性に下手にアドバイスをしようとすると、逆に怒らせてしまうことがある。

こういうときは、アドバイスしたい心をぐっと抑えて相手の話を聞いてあげる。聞き上手の仮面をかぶるのがベター。

女性は言いたいことを言ってすっきりしたあと、相手からアドバイスを聞きたければ自分から聞いてくる。解決策を提示したいならそのときに言おう。

成功率を高める告白のタイミング

自信喪失したときに恋愛感情が生まれる心理

今、誰かに恋心を抱いていて、その思いを伝えたいという感情に駆られていても、慌《あわ》てではいけません。思いを伝えるタイミングを見定めることが大切なのです。

そのタイミングとは、**相手が落ち込んでいたり、自信喪失していたりするとき**です。

「そんな弱みにつけ込むようなことはできない」と思うかもしれませんが、心理学の世界では、人は、自己評価が低下しているときほど、自分に好意を持ってくれた相手に恋愛感情を抱くと考えられています。これは**「好意の自尊理論」**と呼ばれ、アメリカの心理学者ウォルスターによって証明されました。

ウォルスターは、女子学生たちを2グループに分けてニセの性格診断をおこない、一方には自信が高まる評価を、もう一方には自信が低下する評価を伝えました。そして、魅力的な男性にデートに誘わせるという実験をおこないました。その結果、男性を好きになった女子学生の数は、自信が低下したグループのほうが多数でした。

もし、**あなたの好きな人が自信をなくしていたら、それが思いを伝える絶好のチャンス**です。自信を取り戻すような温かな言葉とともに、大切な存在であることを伝えてみてはいかがでしょう。

相手が振り向きやすいのはどんなとき?

告白のベストタイミングはいつなのか。心理学者のウォルスターは、自己評価の高低により、他人の好意の受け止め方がどう変わるのかを実験によって確かめた。

ウォルスターの好意の自尊理論の実験

被験者の女子学生に性格検査を実施したあと、部屋に呼びつけ、そこにサクラとなる魅力的な男子学生を送り込んで、しばらく雑談させる。そして、デートに誘わせる。

男子学生が退出後、女学生に性格評価のニセの結果を渡す。

やった!

高評価の結果を渡されて、自分に自信を持った女子学生に魅力的な男子学生の好感度を回答してもらう。

最悪…

低評価の結果を渡されて、女子学生が自信を失ってしまった後、魅力的な男子学生の好感度を回答してもらう。

あの男性をどう思いましたか?

その結果…

自己評価を高められた女子学生より、自己評価を低められた女子学生のほうが魅力的な学生に好意を抱いていた。人は自己評価が低いときほど、自分を好きな相手に惹かれやすくなる。これを好意の自尊理論という。

誰かに愛されたい!

親和欲求

他人の好意や愛情を待ち望む欲求。自己評価が低下しているときは、この欲求が上昇する。

通常の場合

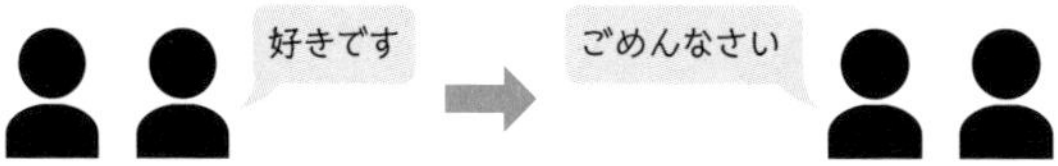
好きです
ごめんなさい

相手が落ち込んでいた場合

好きです
私も好き

告白は相手が落ち込んだときに

失恋したときや仕事で失敗したとき、病気になったときなど、人は自尊心が低下する。そういうときほど人は人のことを好きになりやすい。相手がパワーダウンしているときこそ、告白の絶好のタイミングである。

気持ちよくお金を出させるワザ

買ってあげる！のひと言を引き出す心理テクニック

女性との食事の支払いは男性がするものと思い込んでいませんか？　その反面、「たまには彼女に払ってほしい」と思うこともあるのでは。

実は、女性も「ごちそうしてもらってばかりで申し訳ない。お返ししないと」と思っているものです。そんなお互いのもやもやを解消するためにも、女性が気持ちよくお金を出せる場面をつくってみましょう。

ヒントは、映画やドラマで女性が男性に体を寄せ、目を見つめ、宝石を指差して「これがほしいの」とつぶやくだけで買ってもらえるというシーンです。これは**説得的コミュニケーション**のひとつで、**接近するほど説得効果がアップする心理**です。

デート中に気に入ったものを見つけたら、彼女にぐっと近づいて「これ、ほしいな」と伝えてみましょう。「たまには私が買ってあげるね！」と快く支払ってくれたら作戦成功。負担の少ない金額のものでお試しを。

夫婦間での場合には、「この腕時計、ほしいな」とつぶやき、数日後にまたつぶやくという作戦を展開してみましょう。「ダメ！」と言っていた奥さんも、やがて「買ってもいいんじゃない？」という気持ちに変わります。これは、**時間がたつと情報源と情報内容が切り離されるスリーパー効果**という心理を活用しています。

相手に気持ちよく買わせるテクニック

おねだりとは説得的コミュニケーションの一種で、上手い人は無意識のうちにテクニックを実践している。相手に気持ちよく買わせる方法はどんなものか、見ていこう。

ねえ、お願い

接近してねだる
距離を縮めてお願いされると、相手は断れなくなる。相手に接近すればするほど、説得の効果が上がることは心理学的にも証明済みである。

じゃあ、これならいい？

先に高いものをねだる
高いものをねだり、断られた後にそれよりも安いほしいものをねだる。対比によって印象が変わるコントラスト効果を利用している。

ご自慢の彼女がさらにきれいになるのよ？

栄光欲に訴える
「こんな素敵な服を着た恋人を連れて歩けば、あなたも鼻が高いでしょ」など、相手の栄光欲に訴えかけておねだりする。

スリーパー効果で上手におねだり

男性でも女性でも上手におねだりができる方法のひとつがこれ。この心理作用を利用すれば、じわじわと相手をその気にすることが可能だ。

デジカメがほしいんだが…
ダメよ

夫はデジカメがほしくなって、妻にほしいとおねだりしたが、最初のお願いでは受け入れてもらえなかった。

撮りたいな…

次にストレートにねだるのではなく、「デジカメで子どもの運動会を撮りたいな」とつぶやいて、一週間後にまた同じことを言うなどを繰り返す。

夫がデジカメをほしがっている
デジカメは買ったほうがいい

妻は次第に「夫がほしがっている」という事実を切り離して、自分でも買ったほうがいいかもしれないと考えるようになってくる。

このように時間が経過することで情報源と情報内容が切り離される心理効果をスリーパー効果という。

買ったデジカメで撮った運動会の映像を家族で観るなど、プレゼントする側にも何かメリットを与えておけば、次のおねだりもきいてもらいやすくなる。覚えておこう。

自分も相手も傷つかない別れ方

相手への気遣いを見せて恨みや憎しみを遠ざける

この人とはもう会わないほうがいい……と思うとき、相手にどのように伝えますか？「もう会いたくない」「好きではなくなったので別れたい」などとストレートないい方をしていませんか？

これではお互いにとってデメリットばかり。**相手は自尊心を傷つけられ、落ち込み、恨《うら》み、憎しみ、怒りを抱く場合も。**別れてからもその感情をぶつけてくるかもしれません。

「ひどい男だ」と噂《うわさ》され、会社や友人の間であなたの評価が下がる事態にもなりかねません。

そんなデメリットを抱えない上手な別れ方があります。それは、**相手への気遣いを強調すること。**「キミの人生を考えたら僕は必要ないと思う」「キミにこれ以上負担をかけられない」といったように、あくまでも相手のための別れであることを伝えるのです。

大切なのは、「嫌いになったわけじゃない」という前置きを忘れないこと。これによって、相手も「そういう理由なら仕方がない。私もあなたも悪くない」と合理的に考え、自分のなかで正当化し、受け入れられるようになるのです。

自尊心を保ったままの別れなら、次の恋に向けての彼女のパワーも温存されます。あなたの罪悪感も軽減されるでしょう。

ストレートに別れを告げるとマズい理由

世の中、常に本当のことを言っていればいいというわけではない。別れの際、ストレートに伝えてしまうと、デメリットがある。

メリット

自分がスッキリする
嘘をつかず本当のことが言えたことで晴れやかな気分になる。

相手もがんばろうと思える
相手は一時的に落ち込み、好意が憎しみに変わるが、それが新しい恋を探そうというエネルギーになる。

デメリット

相手を傷つける
相手の自尊心を傷つけてしまうため、言った相手に対する憎しみが攻撃性に転じてしまう恐れがある。

評判が悪くなる
言われる相手のことを考えずに自分の気持ちをキッパリと伝えるため、評判が悪くなる可能性がある。

別れるときは自分も相手も守る

別れ話をするときは自分の気持ちを優先せずに、無難な言い訳を用意するのがオススメ。自分も相手も守ることを心がけよう。

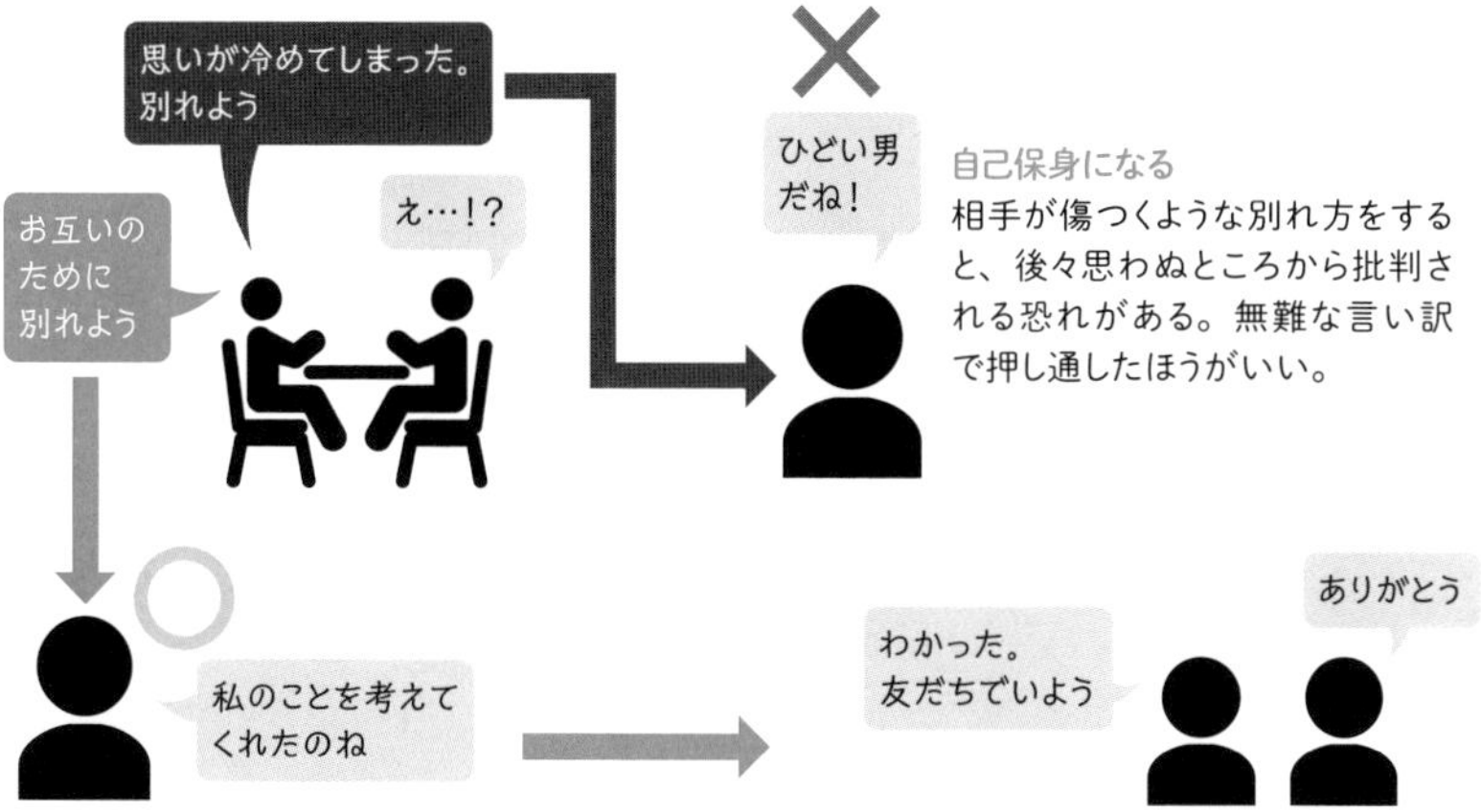

自己保身になる
相手が傷つくような別れ方をすると、後々思わぬところから批判される恐れがある。無難な言い訳で押し通したほうがいい。

言われた相手は「お互いのため」と別れる理由を自分のなかで合理化（正当化）し、その状況を受け入れようとする。

相手が受け入れやすくなる
相手に対する気遣いを見せることで相手は別れをより受け入れやすくなり、別れ話によって生じるトラブルが起こりにくい。

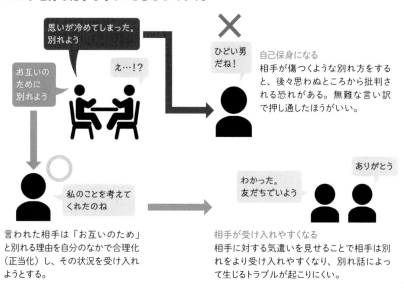

恋愛を継続させる心理学の法則

自分と似ているタイプか補い合えるタイプかを見る

この人、素敵だなぁと思ってアプローチして、お付き合いをしてみるもののなぜかすれ違いばかり……。そんなときは、相手が自分と似ているタイプかどうかを見つめ直してみることをオススメします。

アメリカの心理学者バーシャイドたちは、人間は、**自分に似ている人を恋愛の対象とする傾向があると理論づけ**、**マッチング仮説**と名づけました。例えば、同じ趣味を持っている、考え方が似ている、といった共通点を見出すことによって親近感を得て、そこから恋愛に発展していくというパターンです。

これは、心理学では**類似性の法則**と呼んでいます。価値観が似ている相手とは、心穏やかで満ち足りた恋愛関係を築くことができるでしょう。

また、自分にはない魅力を持った人や、足りない部分を補ってくれる人に惹《ひ》かれる場合もあります。これは**相補性の法則**と呼ばれ、結婚相手や人生のパートナー選びでは重要な決め手になると考えられています。

内向的な人は外向的な人に、大雑把な人は几帳面な人に惹かれるというセオリーです。足りないところをサポートしあう相手が必要だということなのかもしれません。

今、心惹かれている相手ははたして、どちらのタイプでしょうか。

長続きするパートナーを見つけるには？

長続きするパートナーを見つけるには、そもそも人はどのようにして恋愛のパートナーを選び、決定しているのかを知る必要がある。

マッチング理論

心理学者バーシャイドらが提唱した、人は自分に似た人をパートナーに選ぶ傾向があるという理論。自分より魅力のない相手を拒否した結果、似た者同士のカップルが誕生する。

類似性の法則

会ったばかりだとお互いのことがわからないため、類似点を見つけて強い親近感を得るという法則。類似点を見つけたもの同士は恋愛に発展しやすい。

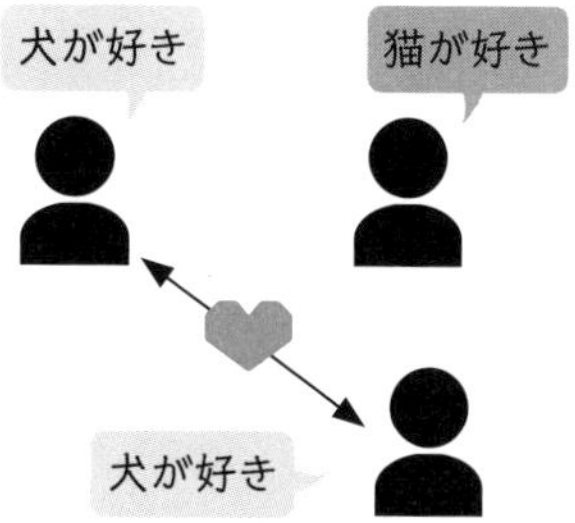

創造過程の４段階

心理学者グラハム・ワラスが何か新しいものが生み出されるときは４つの段階があるとして提唱した理論。結婚相手を選ぶ際、自分がどの段階にいるかをチェックして、結婚を決める参考にしてみよう。

①準備段階
出会いのきっかけを増やすべく、飲み会や交流会に参加する。愛に移行しやすくなる。

②孵化段階
何度もデートを重ね、相手のことをより深く知るようになる。

③啓示段階
ふとした瞬間にこの人と結婚するという確信が心のなかに生まれる。

④検証段階
家族や友人に紹介し、まわりの反応を見ながら相手にふさわしいかどうか見極める。

COLUMN

心理テスト③

「雑誌を持って歩いてみて」

あなたの近くに雑誌がありませんか。雑誌を一冊手にとり、その場をしばらく歩き回ってみてください。5分、何も考えずに無心で歩き続けます。5分経ったら、そのままの姿勢で立ち止まります。

さあ、いま、雑誌をどのように持っていますか?

A
雑誌は胸の前に抱えている。

B
雑誌を丸めたり、折ったりして、片手に持っている

C
雑誌をそのまま手に持ったり、脇に抱えていたりする。

D
雑誌のページをパラパラめくっている。

心理テストの答えは110ページに。

PART

5

心と性格は体の動きとクセでわかる

「手は口ほどにものをいう」の真実

手の内を見せるのは心のなかを見せること

身振り手振りの大きな欧米人に比べて、日本人はジェスチャーが少ないもの。それでも無意識に表れるしぐさに気持ちが透けてみえるのは世界共通でしょう。なかでも**手のしぐさは比較的わかりやすいサイン**です。

前提として、**手は心とリンクしているもの。** **話すときに手や腕の動きを見せないようにする**のは、心のなかを探られたくないという気持ちの表れです。**こぶしを握りしめている**のも話したくない、聞きたくないの表れです。心を閉ざしています。

手を軽く握るのは平常な状態。テーブルの上に出した手を開いている、腕を広げている、または手のひらを見せているというときは、**リラックスして心を開いている**状態。こちらを受け入れようとしていると考えられます。

腕を組み指でテーブルをトントンと叩くのは、**両面性のあるしぐさ**。落ち着いてこちらの話に興味を持っている場合と、いらだちや拒絶を表す場合があるので、表情や手以外のしぐさと合わせて判断しましょう。

こちらの話を信頼していないとき、または嘘やごまかしをしようとしているときは、**鼻から下を触ることが多くなります**。時計を見たり触ったりしたら、話を切り上げたい気持ちや緊張感の表れと考えられます。

手は雄弁に本当の気持ちを語る

欧米人が会話をするとき、大きな身振り手振りを使うのはよく知られているが、意識的なジェスチャー以外にも人の心は無意識のうちに手の動きに表れている。

①指で机を叩いている

いらだちや緊張、拒否を表している。不満を抑えるための行動で、本心を隠すために無意識にやってしまっている場合が多い。

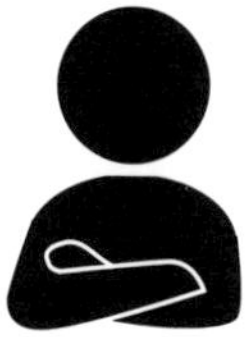

②腕組みをする

他人を自分の領域に入れないように拒否する姿勢。ただし、笑顔で腕組みをする、相づちを打っている場合は逆に興味を示している。

③机の上に手を広げて置く

リラックスして、相手に興味を示していることを表している。こぶしを固く握っている場合は、話を聞きたくない「NO」のサイン。

④額に手をあてる

迷いがあり、相手を信用していない心理を表している。また、鼻に手をあてている場合は、相手の話が本当かどうか疑っているしぐさ。

⑤手を隠す

相手の接近を拒否している。ふたりきりで話しているときなど自分の気持ちを悟られたくないという心理状態だと考えられる。

⑥口に手をやる

言いたいことがあるのに言わない（言えない）という心理を表す。相手が目上の人で、相手の立場をふまえ言えないなど。

⑦時計を触る

話をしながら時計を触るのは、緊張を隠そうとしている。こういう場合は相手をリラックスさせる話し方を心がけよう。

⑧あごに手をやる

相手から攻撃されているときの防御姿勢。また、嘘をつくときや自分の言葉に慎重になっている場合にもやりがちである。

「目は口ほどにものをいう」の根拠

好意があるものに対して瞳孔は自然に開かれる

心理学を持ち出さなくても、経験でわかっていること、自然なことだと感じている現象はたくさんあります。**「目は口ほどにものをいう」**に関しても、昔からことわざで言い伝えられているほど身近な現象です。

実際に、人は好きなものを見るときに、自然と瞳孔《どうこう》が開くといわれています。**「目をキラキラと輝かせて」**というのは、興味があること、楽しいことに対する表現として使われますが、それは単なるたとえではないのです。

そもそも目が合うということは、相手もこちらを見ているということ。こちらに興味や好意があるということです。目を合わせない、すぐにそらすというのは、緊張感や拒否の気持ちの表れであるのが一般的なケースです。

このことを利用すれば、**相手の目を見ることで「あなたの話に興味があります」「あなたに好感を抱いています」という気持ちを伝えることができます。**

ただし、あまりじっと見つめられたり、強い視線で見つめられたりすると、人は威圧感を覚えることがあります。また、回数を多く見るといってもチラチラと見られては気になって、不快感を催すかもしれません。**やわらかく自然に相手の目を見る。合わせて口もとも微笑む。**これが好感を伝えるコツです。

目の向きで相手の嘘が見破れる

質問などに答えているとき、どのような思考回路を使っているかによって、視線の向きは変化する。相手の視線の向きを注意深く見れば、嘘を見破ることも不可能ではない。

①視線が
右上の場合

今まで見たことがない光景を想像していて、嘘をつこうとしていることがわかる。

②視線が
左上の場合

過去の体験、以前に見た光景を思い出している。自分の過去を質問されたときなどになりがち。

③視線が
右下の場合

痛みなど身体的なイメージを感じ取っている。質問内容が痛みにつながるようなものだったことを表す。

④視線が
左下の場合

聴覚イメージ、音楽や声などを感じ取っている。質問の音に関わるイメージを読み取っている。

（※左ききの人は反対に出る場合があります）

目で相手のタイプがわかる

人の気持ちは目にはっきりと表れる。目の動きを見ることで、相手がどんなタイプの人間かを見極めることも可能。

①目上の人には
やたら目を
向ける人

相手を積極的に見つめるのは相手への関心の表れ。目上の人にだけ視線を向け、目下の人には目もくれないのは権威に弱い人の可能性が高い。

②手元の
資料から
顔を上げない人

自分のペースで物事を進めたい人、相手に反対意見を言われる前に自分の意見や条件を言ってしまいたい、自分が主導権を握りたい人。

③相手のネクタイ
あたりを
チラチラ見る人

直感やひらめきを大切にする人の可能性が高い。第一印象で相手の性格などを決めつけて話す傾向があり、話がかみ合わない場合がある。

④視線がふらふら
さまようのが
クセの人

人と話している間も思考があちこちに飛んでしまっているのが原因で、頭の回転が速く、クリエイティブな仕事をしている人に多い。

注目したい口のしぐさいろいろ

顔の下半分の緊張は心の緊張とリンクする

口も手と同様に、閉じていると心も閉じていることが多く、相手にもそういった印象を与えます。

もちろん、黙っているときには口は閉じているものですが、しっかりかたく結んでいる、ほおをふくらませる、あごを引いて歯を食いしばっているというときは、人を受け入れる気持ちが少ないと考えられます。**一般的に、顔の下半分が緊張しているのは「NO」のサイン**ともいわれています。

大きな口を開けて笑ったり、ちょっとおかしなことを言って舌をペロリと出したりするのは、心を許している相手に見せるしぐさです。また、「舌なめずりをする」というように、唇をなめるのは相手に興味があるサイン。ただし、緊張で唇が乾くのが気になっているような場合は、いい意味ではありません。

また、舌なめずりは上品なしぐさとは受け取られない場合が多いので、ビジネスの場や、親しくない相手の前では見せないほうが無難です。

表情の印象というのは、ひとつのパーツだけで決まるものではありません。手や目と同様、口のしぐさも心のうちを雄弁に表現しますが、**同時に、すべてがまとまってイメージを形成するものだということをお忘れなく。**

会話中の口もとにも目を向けよう

会話中の口もとにも相手の心理を表すサインが隠れている。手や目だけでなく口もとにも注意して、相手の心理を読み解こう。

一般的に顔の下半分が緊張している場合は「NO」のサイン。手や目とともに口もとの動きも注視すれば、高い確率で相手の心理を読むことが可能だ。

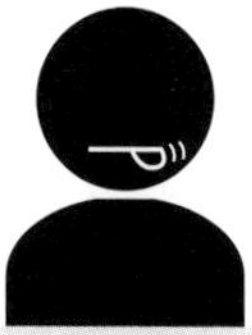

会話中、相手がしきりに唇をなめていた

可能性その１
唇をなめるのは何かに心を引かれている証拠。相手が自分の話に興味を持っている可能性がある。

可能性その２
相手が緊張しているため、唇が乾いて、それを気にして唇をなめている可能性もある。

口元からわかる心理状態

大口を開けて笑える相手には心を開いているなど、心の動きは口もととリンクしていることが多い。口もとが示す心のサインを見てみよう。

①口をかたく結んでいる

相手の話を聞き入れたくないと思っているか、相手に好意を持っていない。

②口をとがらせている

相手の話に不快感を覚えているか、素直に認められないと感じている。

③舌をほおの内側に押しあてている

人は聞きたくない話を聞いているとき、あごの筋肉が緊張するしぐさをしてしまう。

④あごを引き、歯を食いしばっている

聞きたくない話を聞いているときにしてしまうしぐさ。不快感が表に出てしまっている。

頭の動きから読み解けること

うなずきひとつにも さまざまな感情がこもる

顔の表情とは別に、**頭全体の動き方でも相手の心を探ることができます。**同時に、**自分の頭の動きを意識することで、相手に与えるイメージをコントロールしやすくなります。**

相手に対して頭を後ろに引くと、威圧感や偉そうな感じを与えます。逆に前傾姿勢は興味を持っていること、やる気のあることを伝えます。それが横に傾けば、意見に同調しかねている、または退屈している可能性が高くなります。さらに人と対面しているシーンでほおづえをつくということは、相手をあまり重んじていないという表現になりがちです。

あごを引くしぐさは、適度であれば真面目な印象を与えますが、その結果として上目遣いに相手を見ると、威嚇や反論の気持ちが入ってきます。

うなずき方も、心のうちを表現したり、相手に与える印象を変えたりするもの。身を乗り出し、相手の話に合いの手を打つようなタイミングのいいうなずきは、最良のコミュニケーションになります。

それが、あまりに頻繁《ひんぱん》にうなずく、同じタイミングで3回以上繰り返してうなずくというのは、相手から見て「軽く受け止められている」「社交辞令でうなずいている」印象になる場合があります。

頭の動きは相手の心のサイン

会話をしているとき、相手がどう思っているかはその人の頭の動きを見れば意外とわかってしまうもの。いくつかの例を見てみよう。

①話に興味がある

頭は下げていないが、机に身を乗り出すようにして上体を前に傾けている。

②退屈な話と思っている

頭を斜めに傾けたり、ほおづえをつき、傾けた頭を支えたりしている。

③相手に興味を感じている

相手をよく見ようと近づき、机の上に置かれた灰皿やカップを横に移動している。

④相手に反論したいと思っている

あごを引いて、上目遣いで見ている。無意識に相手を威嚇しようとしている。

うなずきには心の動きが表れる

うなずきは肯定の動作だが、頻度によっては違う心理状態を表していることもある。うなずきの種類から相手の心理を読み解いていこう。

相手がうなずいていると、肯定されていると思って気持ちよく話してしまうが、要注意。うなずきの種類によっては、まったく違う心理状態の可能性もある。

話の流れを無視してうなずいている

話の内容に関係なくうなずいているのは、相手の話を実は受け入れておらず、拒絶していることの表れ。

3回以上繰り返してうなずいている

深く肯定されているように感じてしまうが、実は社交辞令である可能性が高い。

身を乗り出してうなずいている

話している人に好意を抱き、話の内容にも興味を抱いていることの表れ。

人の本音は足の動きに表れる

イライラがイライラを呼ぶ
貧乏ゆすりにはとくに注意

行動学的に見ると、人の本心が正直に表れる動作のなかで、もっとも信用できるのは**自律神経信号**といわれています。

緊張して冷や汗をかく。レモンを見てつばがわく。これらは自分では抑えにくい自然な反応であり隠しようがありません。**もっとも信用できないのは言葉で、次が表情。**しぐさは表情よりも信憑性《しんぴょうせい》があるといわれています。

足にも本音が出やすく、手と同じように足を固く閉じているときは心も閉じている。自然な感じに開いているときはリラックスしていると考えられます。

右足を上に組む人は控えめな性格、左足を上に組む人は積極的、マイペースな傾向がある人だといわれています。足をひんぱんに組み替えるのは、手持ちぶさただったり、退屈していたりする動作。

貧乏ゆすりはイライラや不安、緊張を感じたときに出るケースが多いものです。同時に貧乏ゆすりは相手のこともイライラさせがちなので注意が必要です。貧乏ゆすりが出たときは深呼吸をしたり、立ち上がったりして気分を変えましょう。

相手が貧乏ゆすりをしていたら「ご意見などありますか」と相手の気持ちを聞き出すようにするといいでしょう。

足に隠された人の本心

隠そうとしても、人の本音は足に出てしまいがち。足の動きを注視していると、その人の心が見えてくる。

①足を閉じている

相手に踏み込まれたくないという心の表れ。逆に足を開いていたら、相手に対して好意的な証拠である（男性の場合）。

②両足をそろえて傾けている

女性に多い座り方で、自信家で自尊心が高いことが表れている。おだてにのりやすい性格である場合が多い。

③右足を上にして組む

やや内気で控えめな性格であることを表している。逆に左脚を上にして組んでいたら、積極的で開放的な性格の可能性も。

④足を前方に投げ出している

話に退屈したり、興味がなかったりしている。脚がドアの方向に向いていたら、早く話を終わらせて帰りたいと思っている。

貧乏ゆすりは不満の表れ

貧乏ゆすりはあまり行儀のよいしぐさと言われないが、話している相手がこの動作をしていたら要注意だ。

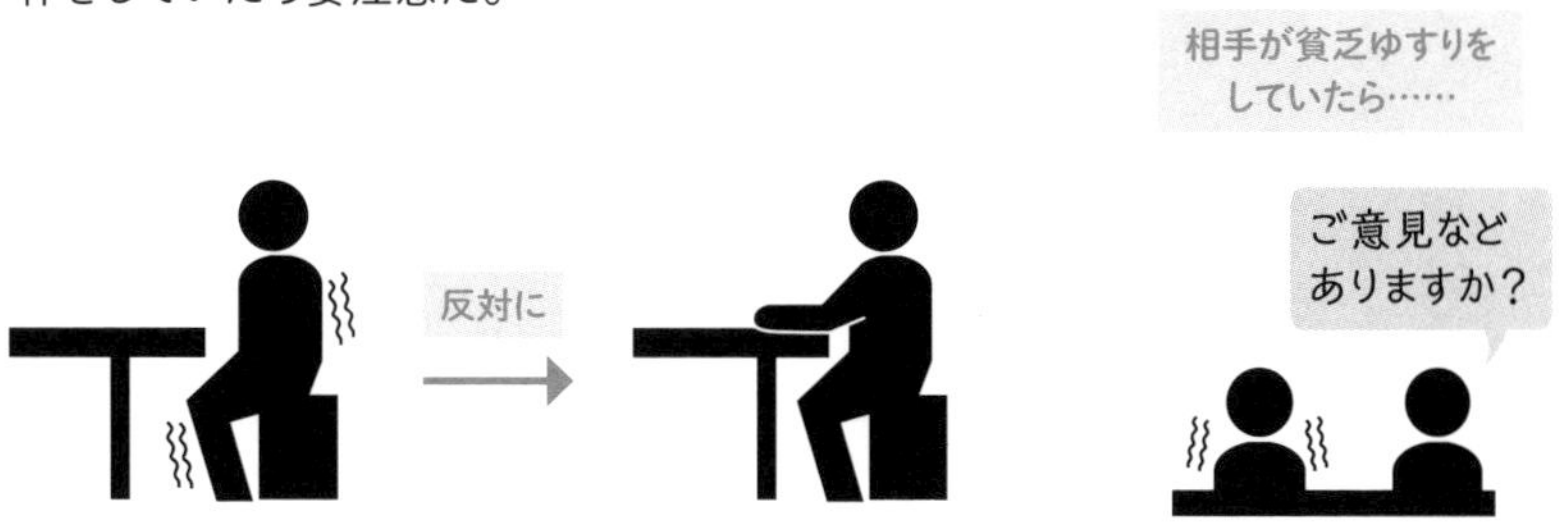
相手が貧乏ゆすりを
していたら……
反対に
ご意見など
ありますか？

貧乏ゆすりは心理学的には抑圧行動の一種で、フラストレーションや心理的ストレスを抑えるために体が思わずとってしまう動作。

両腕を左右に軽く広げて、手のひらも開いて自然な形で座っていたら相手はリラックスしている状態。この状態から貧乏ゆすりをはじめたら、相手は自分に対して不満を感じている証拠。

何か気になっていることや不満がある証拠なので、注意深く接するように。「何かご意見などありますか？」と尋ねて、問題の原因を探るのもよい。

動揺したときのしぐさを見逃さない

本人も気づいていない思わずの行動をヒントに

ボディランゲージは、人とのコミュニケーションをスムーズにするためのヒントをくれます。また、ポーカーフェイスが必要な場合に、隠しておきたい自分の本音を相手に見せないよう、意識して注意することもできます。

例えば、人が自分の体を触る行動。これは落ち着かない気持ち、動揺している気持ちの表れです。緊張や不安を感じると、誰かといっしょにいたくなる、何かに触れたくなる。これを**「親和的欲求」**といいます。

その欲求をなだめるため、自分の体を触る**「自己親密行動」**で満たそうとしているのです。

髪を触る、頭をかく、手を組んだりこすったりする。ボタンや手もとにある紙やペンをいじるのも、わかりやすい動揺のサイン。目や鼻をこすったり、口もとに手をやったりするのは、やましいことがある印ともいわれます。

表情を読まれたくない気持ちが、**顔の一部を隠すというしぐさに表れる**と考えられるからです。**大きな身振り手振り**も、本来の自分よりも大きく見せたいという気持ちを表すとされます。

身を乗り出す動作は、相手や相手の話に興味があるという意味と、威嚇的な意味合いを感じさせます。**同じしぐさで反対の意味を持つものもあるので、しぐさ、表情、声のトーンなど複合的に判断することが大切**です。

心の動揺を表すしぐさ

心が動揺しているとき、人は自分の体を触ってしまうもの。話している相手が無造作に体を触るしぐさを見せたら動揺している証拠である。

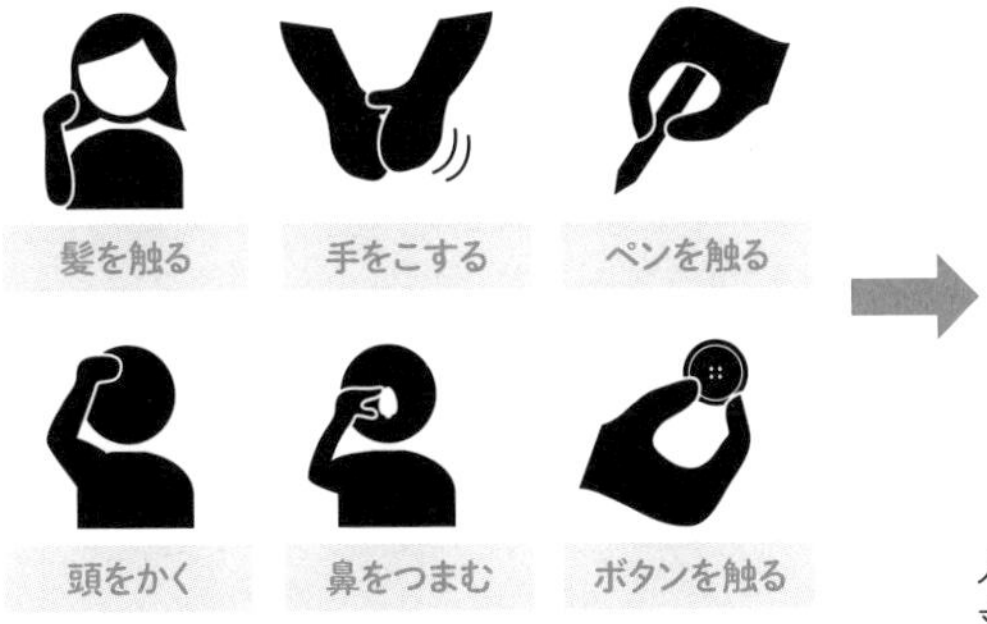
髪を触る
手をこする
ペンを触る
頭をかく
鼻をつまむ
ボタンを触る

人は不安や緊張を感じたとき、自分の体を触ることでそれを鎮めようとする自己親密行動をとる。

安心する
…

親和的欲求
不安を感じて誰かと一緒にいたくなったり、何かに触れたくなったりする欲求のこと。

人は緊張や不安を感じると、親和的欲求を満たすために誰かに触れたくなる。その欲求を満たす代替行為として、自己親密行動をおこなう。

行動に表れる心理

行動やボディランゲージには相手の心理が隠されている。ほんの些細な行動から相手の隠された心理がわかったりするので、見逃さないようにしよう。

前かがみ

話している相手が前傾姿勢だった場合、一見、こちらの話に興味があるように見えるが、そうでない場合もある。

肯定の場合
- 肩の力が抜けている
- 体がこちらに対し、正面を向いている
- 座っているとき、腕を軽く広げている
- 座った状態で、膝がこちらを向いている

拒否の場合
- 肩に力が入り、上体がこわばっている
- 腕組みしたり、手を組んだりしている
- 体がこちらに対して斜めを向いている
- 膝やつま先がこちらと違う方向を向いている

身ぶり手ぶりが大きい
自分をより大きく見せたいという心理が表れている。普段から自己顕示欲が強く、目立ちたがり屋である可能性が高い。

間に荷物を置く
隣同士でソファーなどに座った時、相手が間に荷物を置いたら、あまり近づいてほしくないと思っている証拠である。

COLUMN

心理テスト③（96ページ）

「雑誌を持って歩いてみて」の答え

このテストは、5分間、無心で歩き回ったあとの雑誌の状態がキーポイント。雑誌の持ち方から、その人と他人の関係がわかります。何気ない行動から本性が見えてくるのです。この心理テストを参考に、気になる相手の隠れた本音を探ってみましょう。

A 自己防衛さん

雑誌を胸の前に抱えているのは、自分の体を守ろうとする行為の表れ。もし路上で、このように本やノートを持って歩いている人がいたら、その人はガードがかためということ。

B 自意識過剰さん

雑誌を丸めたり、折ったりして片手に持っている人は、開放的で活動的。気取った行動で、他人の目を気にしていることもあります。気軽に話しかけられる人でしょう。

C 強気な快活さん

雑誌を脇に抱えるのは男性によくみられる行為。つまり、「男性的」であることのPRです。これを女性に置き換えれば、男性と話すこともちゅうちょしない快活な人ということ。

D 好奇心旺盛さん

好奇心が強くて知りたがり屋な人。マイペースなところもあります。その好奇心の強さから、怖いもの知らずで、思い切った言動に走ることもありそうです。

PART 6

自分の評価をグングン上げる心理ワザ

弱みをさらけ出して好印象に

丸腰の姿を見せることで「信頼しています」を伝える

人には「相手によく見られたい」「カッコいいところを見せたい」という気持ちがあります。

そのため、自分に対して素のままの姿で接してくれる相手に対して「自分を身近に感じてくれている」と思うものです。さらに**相手のほうから弱みを見せてくれれば「自分を信頼してくれている」と感じ、親近感や好感を持ちます。**

自分にとって誰にでも話すわけではないような話を相手に伝えることを**「自己開示」**といいます。自己開示をされた相手は、同じようなレベルの自己開示をしやすくなります。これが**「自己開示の返報性」**です。この互いの繰り返しによって、人は相手との距離が縮まったと感じ、実際に関係が深まっていくものです。

「あまり人に話していないのですが……」「秘密にしているのですが、実は……」などという言葉で語られる「秘密の共有」も、同じく関係性を深めることにつながります。

ただし、**自己開示や秘密の共有のタイミングには注意が必要です。**それほど親しくないのに重大な秘密を打ち明けられると、相手はプレッシャーを感じてしまいます。自分も何か打ち明けなければいけないと感じてしまうからです。

口の軽い人と受け止められないためにも、相手との距離感を考えて、まずは控えめな自己開示からはじめてみましょう。

弱みをさらけ出すのがなぜ、よいのか

好かれたい相手に好印象を抱かせるための心理学のテクニックのひとつが弱みをさらけ出すこと。弱みはコミュニケーションにおいては強みにもなる。

実は私、低血圧で
朝が弱くて…

自己開示

自分の性格や趣味といったプライベートに関することや弱みや欠点なども含めて、相手にさらけ出してしまうこと。

実は私も朝が弱くて、
起きられないの…

自己開示の返報性

相手に自己開示された人が、それに対して自分も応えないといけないと思い、同じようなレベルの自己開示をしてしまうこと。

実は去年、妻を
亡くしまして…

ただし……

知り合って間もない人からヘビーな悩みを打ち明けられたら相手は戸惑ってしまう。深刻な話題は親しくなってから打ち明けたほうが無難。

秘密の共有で親しくなる

気になる相手にこっそり秘密を打ち明けるのは、親密になるためのテクニックのひとつ。恋愛の裏ワザとしても活用できる。

実は、
こんな失敗したの
そうなんだ

「こんなこと、あなたにしか話せないんだけど……」とあらかじめ断って、気になる相手に秘密を打ち明けてみる。

信頼されて
るんだ…

秘密の共有

打ち明けられた相手は「秘密を話してくれたということは自分は信頼されている」と考えるようになり、ふたりの関係性が一気に親密になる。

仕事はうまく
いっている？

相手は秘密を打ち明けた人を心配し、つねに考えるという心理状態に。恋心を抱いている可能性も。

見た目の第一印象はやっぱり大事

メラビアンの法則を念頭に初対面で好印象をゲット

初対面の人を前にしたとき、相手がどんな人かの判断材料は「見た目」だけです。その後に話をすれば判断材料は増えていきますが、最初に感じた第一印象をくつがえすのは、なかなか難しいことだといわれています。

最初のわずか5秒程度。社会心理学者のアッシュは実験により、第一印象はここで決定されることを突き止めました。これを「初頭効果」といいます。

しかもその印象を決めるのは、アメリカの心理学者メラビアンによると、表情、態度、服装などの視覚情報が55%といわれています。私たちは、初対面5秒で判断されているのです。

それはつまり、初対面の際「こんなふうに見られたい」という見た目をつくることで、相手にそう思ってもらうことができるということです。

まずは最初の見た目を整えること。それでも初対面で失敗してしまった場合は「親近効果」「ハロー効果」と呼ばれる心理学的現象で挽回《ばんかい》しましょう。ハロー効果のハローは後光のことで、ある人に対して新しい情報が加わることにより、その人の印象がガラリと変わることをいいます。

初対面の印象は強いので簡単なことではありませんが、挽回できれば、より強く相手に伝えたい自分を印象づけることができるでしょう。

第一印象で好感度は決まる

仕事やプライベートで親しくなりたい相手との距離はとりあえず見た目で決まるもの。第一印象は相手との関係を左右する重要な要素である。

A
B

AとB、ふたりの男性にはじめて会ったとき、髪型などの第一印象でAさんはきちんとした人、Bさんはだらしがない人というラベリングをする。

2回目

A
B

AとBは同じ髪型にそろえていたが、第一印象の影響で、どうしてもAさんのほうがきちんとしているように感じてしまう。

それ以降

A
B

だらしない人とレッテルを貼られたBさんの印象はそのまま変わらず、そういう印象を持たれたBさんも本当にだらしがない行動をとるようになる。

ラベリング

初対面の人に出会ったとき、無意識のうちに相手が「こういう人だ」というレッテルを貼ってしまうこと。

初頭効果

最初に定着したイメージがその人の全体のイメージを決定してしまう心理的現象。

最初についた悪い印象は変えられる

一度ついてしまった第一印象の悪いイメージをくつがえすのは大変だが、挽回するのは不可能ではない。親近効果やハロー効果をうまく利用しよう。

嫌な人
だな……
なんだ。いい人
じゃないか！

初対面　　2回目

あまりいい
印象でないな…
家柄
学歴
金
資格
地位

初対面　　2回目

親近効果

最初の印象とあとの印象が違っていた場合、あとのほうがより印象に残りやすいという心理的現象。物事を単純化して考える人ほど、その傾向が強い。

ハロー効果

ハロー効果のハローとは「後光」のこと。ある人に対する新たな情報が加わることでその人に持っていた認識がガラリと変わる心理的現象。

不快にさせる口グセをチェック

意識してなくしたい
ネガティブな心が出る口グセ

クセというのは本人にとっては気づきにくい反面、相手にとっては印象深いもの。とくに相手をイライラさせるようなクセほど、目立って気になるものです。

　耳にすることの多いネガティブな口グセに**「D言葉」**があります。**「でも」「だって」「どうせ」「だけど」**。これらのいわゆるD言葉のあとに続くのは、否定や言い訳、あきらめなどの文です。印象が悪い言葉です。

　意識しないまま自然に、こういう言葉を使っていませんか。

「この書類、間違っているよ」と言われて「だって、指示してくれなかったじゃないですか」。「やり直しておいて」。「でも時間がありません」。よくあるやりとりです。

　この場合「申し訳ありません。どのようにすればよいでしょうか?」「急ぎの仕事があるのですが、どちらを優先させましょうか?」「今すぐに着手できないのですが、いつまでに必要でしょうか?」などのように、D言葉を避けて問題を解決したいものです。

　そのほか、**「とりあえず」「一応」などの自信なげな、責任を放棄したような言い方。これは自己防衛を感じさせます。**反対に「絶対〜」という決めつけ的な言葉を安易に連発すると、無責任なイメージを与えることがあります。

相手を不快にさせるログセを直そう

ログセにはその人の性格が表れるもの。悪いログセを使い続けていると、自身の悪い部分をスルーしたままになってしまうので、意識して直すのがベター。

一応
やりました
とりあえず
やりました
やりました！
絶対に
大丈夫です！
善処します

頼みごとをした相手が「一応」や「とりあえず」と返してくると、自信のない、責任を放棄したような印象を受ける。

やったのか、やってないのか、相手を不安にさせないようにはっきりと答えるようにしたほうがいい。

自信ありげに「絶対」を連発する人は大きな口をたたいて相手の関心を引き、自分を大きく見せたい人かも。

いざとなれば言い逃れをすればいいという甘い考えでは、結果的に相手の信頼を失ってしまう。

D言葉を使わず会話しよう

否定的な言葉の枕詞ともいえるD言葉。相手を不快にさせるこの言葉を使わずに会話したほうが人間関係はうまくいく。

D言葉
「でも」「だって」
「どうせ」「だけど」
最初の文字をローマ字表記に置き換えるとDではじまることからこう呼ばれる。この言葉のあとには必ず否定的な言葉が続き、聞き苦しい言い訳となる。

使った場合
今日中にこの
仕事やっといて
でも、今日は
プレゼンで
疲れてて…
使わない場合
仕方ないな。
いいよ
今日は体調不良なので、仕事は明日の早朝でもかまわないでしょうか？

「でも」がログセの人はきちんと反対意見を述べずに文句ばかりを言い、相手を不快にさせがちである。

D言葉を使わず、正当な理由を言って、具体的な解決策を提案すれば、相手を不快にさせることなく解決する。

会議では仕切れる席に陣取ろう

役割や会議の進行方向は席によって左右される

会議の席というのは、その場にいる人間の上下関係や、会議における役割などによって、なんとなく決まっているもの。逆にいえば、**選ぶ席によって自分の立場や役割を相手にイメージづけることができるということ**です。

次ページのイラストを見てください。あなたが議事役ならどの席に座りますか？　答えはAかEです。真ん中に座る人は威厳のある雰囲気が自然と生まれます。

つまり、**全体を見渡せる席にリーダーが座ることで会議の進行がスムーズになる**のです。自分がリーダーシップをとりたいときは、可能なかぎり全体を見渡せる席を選びましょう。

誰かの向かいの席をわざわざ選んで座ってきた人は、**正面の相手に対抗したい気持ち**を持っていることが多いとされます。また、リーダーシップが弱く会議が中だるみしているようなときは、正面に座った参加者同士が私語をし、会議の仕切りがしっかりしていると、隣席同士で私語が起きるケースが多いとされます。

これらの現象は、解明したアメリカの心理学者の名前をとり、**「スティンザー効果」**と呼ばれます。ちなみに、誰かの意見のあとには、それに反対する意見が出されるという現象も報告されています。このような法則を知ることで、心の準備をしたうえで会議に臨めることでしょう。

会議の成功はしかるべき席から

実は会議の場では座る位置によって役割が決まっている。会議を円滑に進めるためには、それぞれが適した場所に座る必要がある。

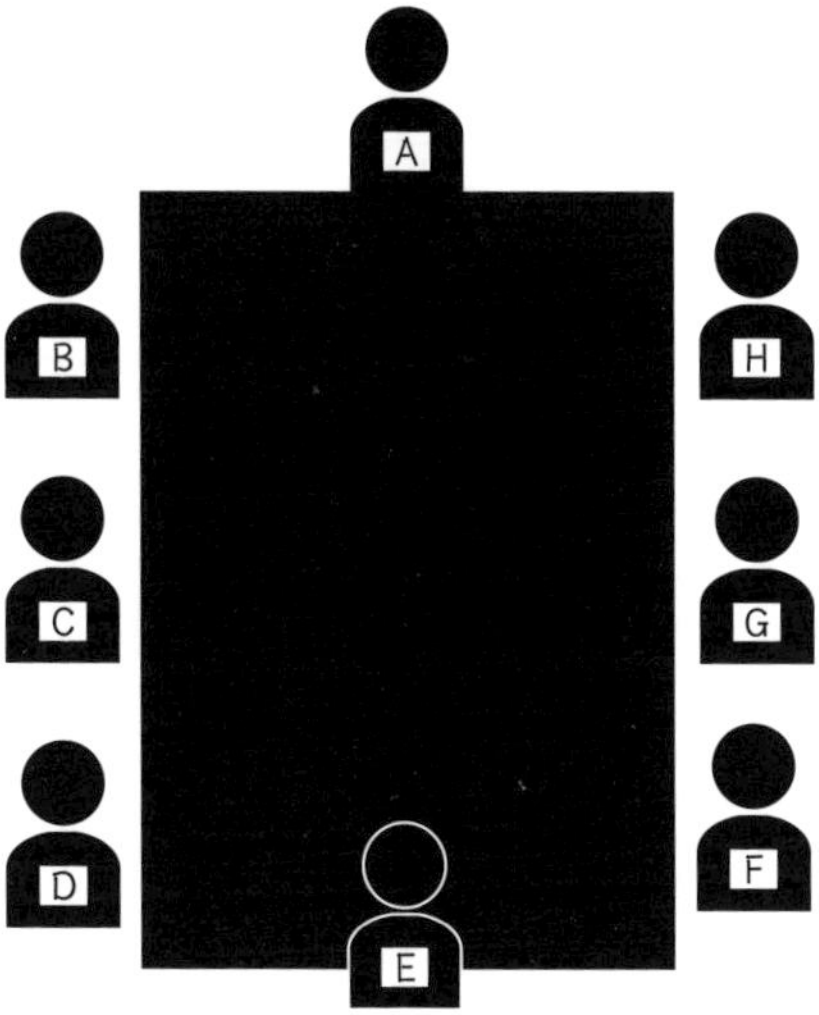

ポイント1
会議を仕切るタイプのリーダーは、全体を見渡すことができるAかEの席に座ることで、会議の進行がスムーズになる。

ポイント2
参加者との人間関係を重視する補佐的なサブリーダータイプは、GかCの席に座ったほうがいい。

ポイント3
会議にあまり参加したくない、やる気のないタイプはB、D、H、Fの四隅の席に座るのがベター。

ポイント4
メンバーから意見が出やすい環境をつくりたいなら、四角テーブルではなく、丸テーブルで会議をおこなうといい。

スティンザー効果
アメリカの心理学者スティンザーが小集団の生態を研究して発見した効果。下に記した3つの現象の総称で、スティンザーの三原則とも呼ばれる。

その1
以前口論した相手がいる会議では、互いに正面に座ってしまう傾向がある。

その2
ひとりの発言が終わったとき、次に発言する人は反対意見である場合が多い。

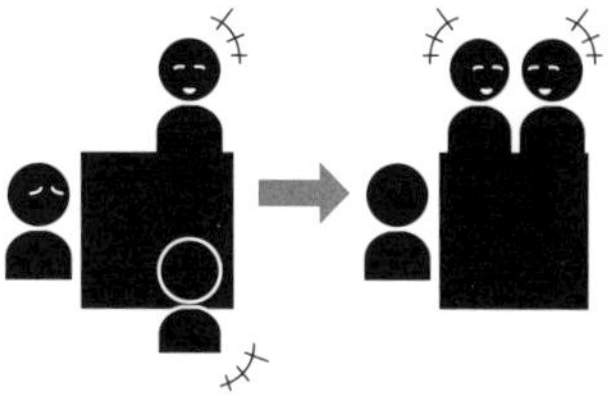

その3
リーダーのリーダーシップが弱い場合は、私語は正面同士で起こり、強い場合は、隣同士で交わされる。

イエスを言わせる説得術とは？

説得テクニックはいろいろ 相手の状況で使いわける

仕事はもちろん私生活でも、相手にイエスと言ってほしい場面は多々あります。イエスを引き出すためには、相手にとっていかによいもの、よいことであるかを伝えなければなりません。

その際にプラス面だけを伝えるのが**「一面提示」**です。相手にとっていいことだらけであれば、イエスと言われやすくなります。自分で物事を決めることが苦手な人にたいしては特に有効な手段といえます。

ただし、あとでマイナス面がわかったときに「だまされた」と思われる可能性も含みます。

よい面も悪い面も提示して相手に選ばせる。これが**「両面提示」**です。当然、よい面は強調し、悪い面は小さく伝えます。それでも相手は自分で考えたうえで選んだという納得感を得られやすく、また、両面を明かした相手に対して公平性や信頼を感じます。

自分の意見に否定的な相手を説得する際に効果的とされるのが、結論を先に言って内容を説得する**「アンチ・クライマックス法」**です。

このほかにも、簡単な頼みごとを持ちかけ、一度イエスと言わせてから要求をする**「段階的説得法」**。その逆に難しい頼みごとをして「できない」と言われたら「それならこれは？」と簡単な要求をする**「譲歩的要請法」**など、心理学を利用した説得テクニックはいろいろです。

説得のための2つのテクニック

人を説得するまでのプロセスや働きは説得的コミュニケーションと呼ばれ、いくつかのテクニックが存在する。

両面提示

物事のプラス面とマイナス面の両方を相手に伝えて、売り込む手法。一時的には片面提示よりも有効なテクニックといわれている。

一面提示

物事のプラス面のみアピールして売り込む手法。相手が買う気だったり、選択肢が多くて迷ったりしているときにオススメ。

ブーメラン効果

説得しようとすればするほど説得される側が反発して、逆効果になる心理的現象。一面提示の場合、突然相手が態度を変えてしまうことがある。

そのほかの便利な説得ワザ

相手を自分のペースに丸め込みたかったら、適切な説得ワザを使う必要がある。相手の心理状態を読み、身につけたワザを使ってみよう。

説得において、結論を先に言うか、あとに言うか、というのも重要なポイントのひとつである。

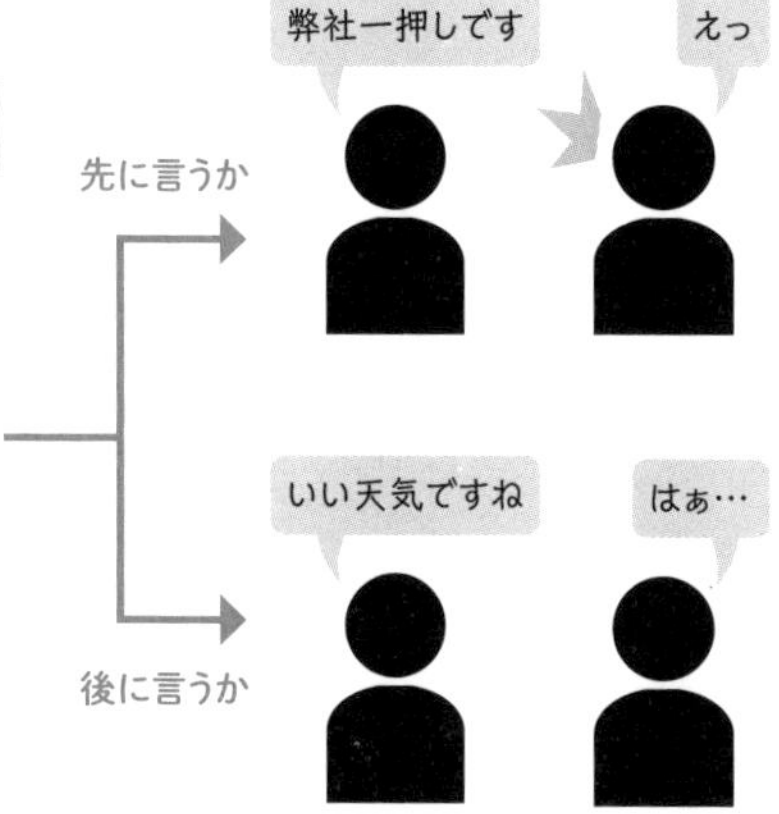

アンチ・クライマックス法

最初に重要な話（結論）を言って、あとから当たり障りのない話をする手法。聞き手の関心度が低い場合に使う。

クライマックス法

最初に当たり障りのない話をして、あとから重要な話（結論）を言う方法。聞き手の関心度が高い場合に使う。

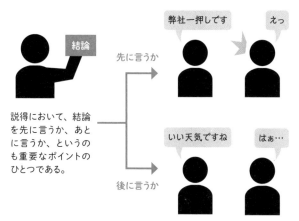

断っても嫌われない言い方がある

相手を納得させながら自分の要求もあきらめない

説得と同じように、日々必要でありながら難しいのが人の頼みを断ること。断ることができなくてやむを得ず従わなければならないケースはもちろん、相手にいい顔をしたいという自分の気持ちで断らない場合もあるでしょう。

コミュニケーションには3つのタイプがあります。自分の意見を一方的に主張する**「直接的反応」**。頼みごとをされた場合なら「無理です！」と断るような場合です。

それに対し、自分の意見を主張しないのが**「非主張的反応」**。嫌な頼みごとや無理なことでも断れず、我慢して受け入れてしまいます。

直接的反応では相手との関係が悪くなるリスクがあり、非主張的反応ではストレスが溜まる一方です。これらに対し、自分の主張もしながら相手の納得も得るためのコミュニケーション術が**「主張的反応」**です。

相手の要求を受け入れられない。そのことに対してまずは心を込めて謝罪します。次に断る理由を客観的に述べます。そのうえで代替案を提示します。

この段階を踏むことによって、**相手は断られたことに納得し、代替案によって、形は違ってもある程度は要求が受け入れられたと感じます**。相手に配慮しつつ自分の意見も受け入れてもらえれば、ウィンウィンですね。

スキルを使えばうまく断れる

頼みごとをされたとき、対応する3つのコミュニケーションがある。どの方法を選択すれば相手に嫌われることなく断れるかを紹介していく。

直接的反応

頼みごとをされたとき、相手に対して無理だと自分の意見を一方的に押し通そうとする。自分の意見は通るかもしれないが、遺恨を残す可能性がある。

非主張的反応

自分の主張を一切せず、相手の頼みごとを全面的に聞き入れる。無理な頼みごとも我慢して聞いてしまうため、結果的につらい思いをすることに。

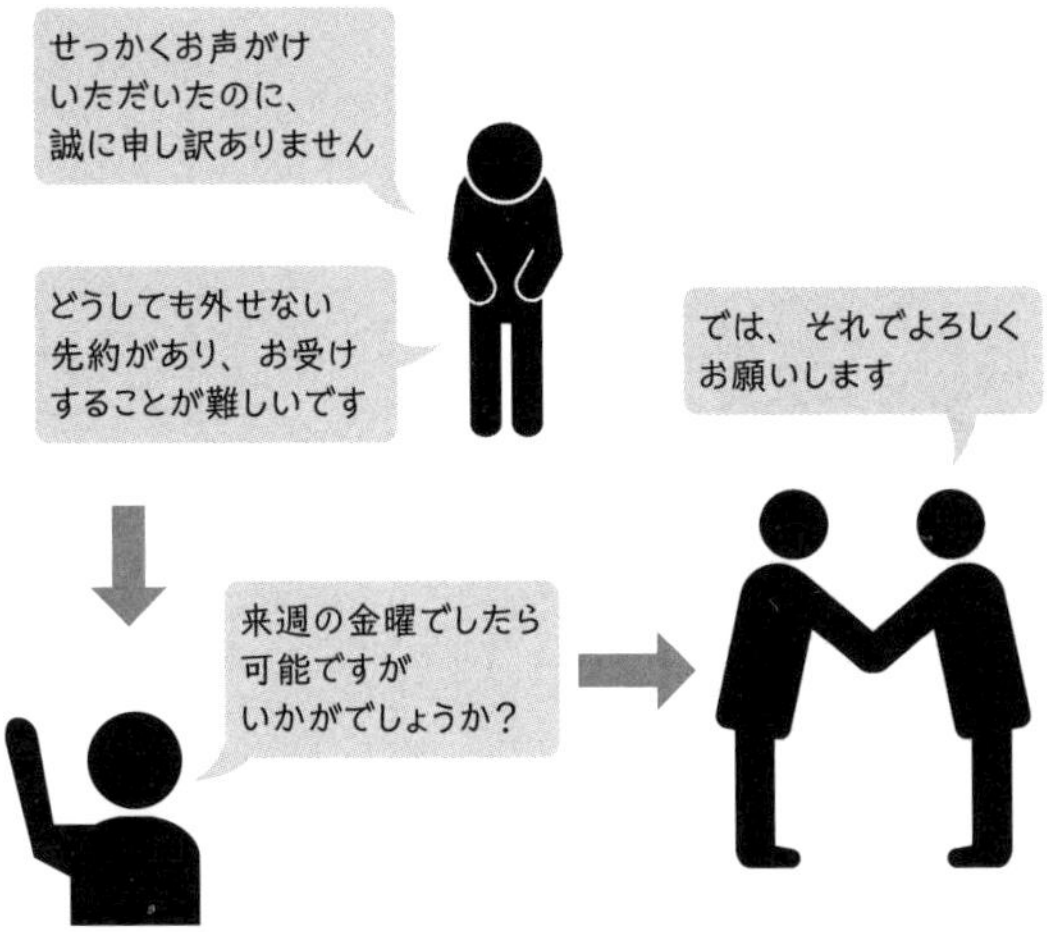

主張的反応

相手にも配慮しつつ自分の主張をする。具体的には、まずクッションの言葉を添えて、誠意を込めて謝り、断る理由を述べ、代替案を提示するという流れ。頼みごとを断ってもお互いの関係性を円満に保つことができるコミュニケーション・キルである。

提案ごとはおいしい食事とセットで

いい感情を共有することで相手への好感度もアップ

人から頼みごとや相談ごとをされたとき、自分自身がよい状態でなければ、人のことを考えている余裕はありません。相手の話をしっかり聞く態勢がとれるのは自分に余裕があるとき。

さらに自分がいい気持ちのときであれば、相手に寄り添って、なんとかしてあげたいと思う気持ちが高まるのが普通です。

このため、人はとくにおいしい食事を食べているときに満足感や幸福感が高まり、相手の提案を受け入れやすくなります。これは**「ランチョン・テクニック」**と呼ばれ、心理学的にも証明されています。

アメリカの心理学者ラズランは、被験者と食事をしながら自分の意見を解説し、食事前、食事後の印象を比較するという実験をおこないました。その結果、食事後のほうが被験者たちからラズランへの好感度が高まったという結果を得ました。また、食事中に異臭を漂わせたところ、被験者たちはラズランの話に否定的な感情を持ったということです。

好感度を高めたいとき、自分の意見や要求を受け入れてほしいときには、相手と好きなものを、一緒にいい雰囲気で食べることが有効です。最初のデートに食事が選ばれることが多いのも、ビジネスシーンで会食が設けられるのも、このテクニックを自然に活用しているのです。

食事は提案のミカタ

会食は提案をするにはうってつけの場である。食事どきを使って大いに提案してみよう。

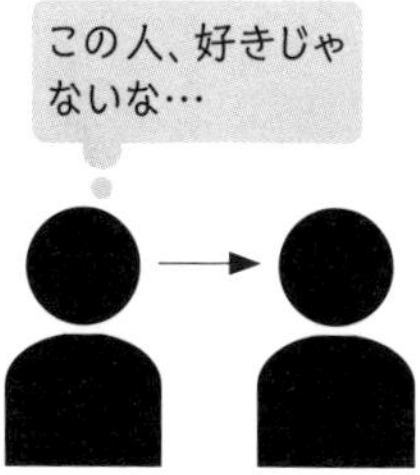
この人、好きじゃないな…

自分に好感を持っていない相手から好感を持ってもらうにはどうしたらいいのか。

この人、好きかも…

ランチョン・テクニック

一緒においしい食事をとると、食事前より食事後のほうが相手に対して好感を持っているというもの。

この食事もこの人もなんだか嫌だ…

異臭のある部屋で相手と食事をすると、相手の好感度が下がる。また、相手の嫌いなものを一緒に食べたときも相手の好感度は下がる。

ミラーリングで効果もアップ

ふたりで食事をするチャンスを得たら、魅力を見せつけるチャンス。相手の動きを真似るミラーリングなどのテクニックを駆使して、相手の印象を上げよう。

このスープおいしいね
うん、スープおいしいね

食事中に相手の言葉をさりげなく真似ると、真似られた相手は気分がよくなる。

乾杯
乾杯

相手がグラスをとったら、こちらもグラスをとるなど、さりげなく真似を繰り返すことで、相手の興味を引ける。

夕方以降なら、なおよし!

人の心が不安定になる「ボディタイム」。この時間に一緒に食事をとると、さらに親密度がアップ。また、ムーディな照明がある店がオススメ。

思い切ったコスプレで理想の自分に

形から入って気持ちも切り替えよう

警察官を見ると、自然と身が引き締まる思いがしませんか？　ところが同じ人を見かけても、私服でいるときは何も感じません。このように制服の効果は絶大なものです。

例えば若々しい格好をしていれば、しぐさも若々しくなり、カジュアルな格好なら行動もラフに。ビシッとしたスーツを着ていれば、仕事モードになるという経験があるのではないでしょうか。

「スタンフォードの監獄実験」では、被験者を看守役と囚人役にわけて、それぞれの制服を着て過ごすようにさせました。すると看守役は次第に威圧的になり、囚人役は投げやりに。その変化があまりに顕著で危険だということで、2週間の予定が6日間で打ち切られました。

この現象を心理学的には**「ユニフォーム効果」**といいます。ユニフォームには、相手に対してイメージを与える効果と同時に、本人に対しても、ユニフォームに合わせた振る舞い、ふさわしい言動をしようと思わせる効果があるのです。

自分のなかに「こうなりたい」というイメージがある場合、「似合わない」「性格だからしかたない」などとあきらめず、**そのイメージに合わせた服装や振る舞いをしてみる**。すると、だんだんとそこに近づいていけるはずです。

理想の自分に衣装からなる

衣装というものは着た者の心理に大きく影響する。なりたい自分になるためには、まず衣装からというのが近道かもしれない。

警官だ……

ユニフォーム効果

着用した制服の職業のイメージを周囲の人々にもたらす効果。同時にその制服を身に着けた者が役割に合わせた行動や言葉づかいをして、その職業のイメージに近づこうとする心理状態になる。

同一化

尊敬したり、憧れたりしている対象の衣装や髪型などを真似て、欲求を満たそうとする心理。みんなと同じことをすることで、仲間はずれにならないようにするという自己防衛の意味合いもある。

新しいスーツ
買ったのか？
真似させて
いただきました

誰か憧れている上司などがいるようだったら、まずその人が普段着用している服の趣味を真似てみよう。真似ているうちに次第にその上司に似てくる。

コスプレでいろんな自分に

コスプレは理想の自分に近づく近道だが、ひとつの理想を追求しすぎると窮屈になってしまうもの。ユニフォーム効果を逆手にとり、楽しんでみるのも一興である。

若くありたいため、無理をして若づくりをしている老人は、どこか痛々しい感じがある。若い格好をしていれば若い自分になれるが、現実との落差を感じてしまう。

老化という自然の成り行きが受け入れられず、美容整形などを繰り返した挙句、神経症を患ってしまうケースも。何事も度を超すのは問題である。

リフレッシュ

コスプレは自分を変化させるいい手段なので、いつもの自分とちょっと違った気分を味わう程度に活用すれば便利。たまのコスプレで気分をリフレッシュしよう。

監修者紹介
渋谷昌三（しぶや　しょうぞう）

1946年、神奈川県生まれ。学習院大学文学部を経て東京都立大学大学院博士課程修了。心理学専攻。文学博士。現在は目白大学名誉教授。主な著書・監修書に『ワルイ心理学』『閲覧注意の心理学』『大人のブラック心理学』（以上、日本文芸社）、『10秒で相手の本音を見抜く本』（三笠書房）などがある。

STAFF
編集　坂尾昌昭、中尾祐子（株式会社 G.B.）
編集協力　平谷悦郎
デザイン　森田千秋（Q.design）
執筆協力　稲 佐知子、高山玲子
イラスト　シルエットAC
校正　玄冬書林
カバーイラスト　オフィスシバチャン

眠《ねむ》れなくなるほど面白《おもしろ》い
図解《ずかい》 心理学《しんりがく》の話《はなし》

2021年10月10日　第1刷発行
2024年12月10日　第12刷発行

監修者　渋《しぶ》谷《や》 昌《しょう》 三《ぞう》
発行者　竹村　響
印刷所　株式会社光邦
製本所　株式会社光邦
発行所　株式会社日本文芸社
〒100-0003　東京都千代田区一ツ橋1-1-1 パレスサイドビル8F
URL https://www.nihonbungeisha.co.jp/

Printed in Japan　112210927-112241127Ⓝ12　(300052)
ISBN978-4-537-21929-6
（編集担当：水波 康）

乱丁・落丁などの不良品、内容に関するお問い合わせは
小社ウェブサイトお問い合わせフォームまでお願いいたします。
ウェブサイト https://www.nihonbungeisha.co.jp/